管，
DAMN IT, THAT IS WRONG!
就错了！

程德星——著

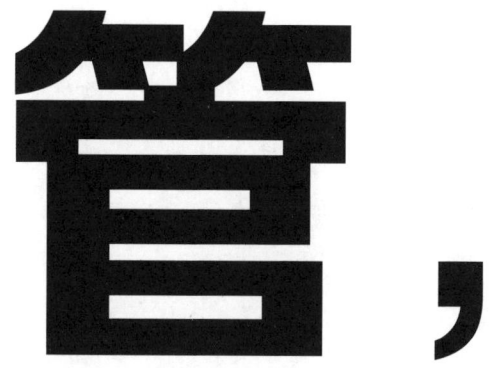 广东经济出版社

·广州·

图书在版编目（CIP）数据

管，就错了！/ 程德星著 . —广州 ：广东经济出版社 ，
2024. 9. — ISBN 978-7-5454-9425-9

I. F272

中国国家版本馆 CIP 数据核字第 2024EQ5135 号

责任编辑：刘亚平　李泽琳　曾常熠
责任校对：李玉娴
责任技编：陆俊帆
责任设计：仙境设计

管，就错了！
GUAN, JIU CUO LE!

出 版 人：	刘卫平
出版发行：	广东经济出版社（广州市水荫路 11 号 11 ～ 12 楼）
印　　刷：	广州市豪威彩色印务有限公司
	（广州市增城区宁西街新和南路 4 号一楼 106 房）
开　　本：	730 毫米 ×1020 毫米　1/16 　　印　张：19
版　　次：	2024 年 10 月第 1 版　　　　　　印　次：2024 年 10 月第 1 次
书　　号：	ISBN 978-7-5454-9425-9　　　　 字　数：232 千字
定　　价：	59.00 元

发行电话：（020）87393830　　　　　　 编辑邮箱：metrosta@126.com
广东经济出版社常年法律顾问：胡志海律师　　法务电话：（020）37603025
如发现印装质量问题，请与本社联系，本社负责调换
版权所有・侵权必究

目录 CONTENTS

第一章 商业的本质

商业是一场效率之争 / 002

商业的未来：美将创造最大的价值 / 008

管理的本质是让别人替自己做事 / 011

经济学的指引 / 016

经营者必懂：消费者购买产品时的思考逻辑 / 020

管理需要解决的两大核心问题 / 026

第二章 如何让个体效率最大化

不变的人性 / 034

人的潜力 / 038

怎样让员工更卖力 / 042

合约式管理实施后的企业状况 / 047

市场经济的启示 / 052

个体效率如何最大化 / 056

计时工资与计件工资 / 060

人的逻辑自洽 / 064

阿米巴模式在中国行得通吗 / 066

股权激励的弊端 / 071

什么是好合约 / 074

招聘之前先辞退 / 077

优秀员工要离职怎么办 / 081

用这种方法识人，能看透任何人 / 086

如何引导新员工入职 / 090

不合适的员工的处理方法 / 096

市价的约束 / 099

提拔标准 / 102

利润怎么分配 / 104

设置优秀建议奖 / 108

企业内实现"市场经济" / 114

第三章　如何让整体效率最大化

历史上的做法 / 118

现代社会的做法 / 123

规模与管理难度 / 125

别管得太宽 / 131

什么情况下注重质量 / 134

质量怎么管 / 142

目 录

分工的好处 / 150

如何定价 / 153

如何计数 / 164

分清不同的市场 / 171

物品的承包 / 174

承包大型设备的方法 / 177

承包物品的定价方法 / 179

管理人员的合约模式 / 181

生产增效十步法 / 188

企业如何落实合约式管理 / 195

把合约式管理上升为企业战略 / 198

第四章 合约式管理对老板的要求

企业为什么而存在 / 202

管理真的难学吗 / 204

企业间的差别有多大 / 210

一事不过二 / 214

信息影响决策 / 217

事事都先算 / 219

不提反对意见的原因 / 223

管理力度因人而异 / 225

计算每位员工的投产比 / 228

企业成本过高，可以通过降薪来降成本吗 / 233

员工高收入，企业低成本 / 236

企业利益与个人利益的平衡 / 243

谁不可替代 / 246

企业内部市场化的难点 / 251

安全问题怎么解决？/ 256

管理者的时间成本 / 259

不要越级管理 / 265

第五章　合约式管理的应用

程氏认知层次模型 / 268

落实合约式管理的四大原则 / 274

如何验收合约式管理的成果 / 276

合约式管理在生产型企业的应用 / 279

合约式管理在餐饮连锁企业的应用 / 282

附　录

合约式管理30问 / 288

第一章
商业的本质

商业是一场效率之争

可能很少有人想过，效率和道德之间究竟有什么关系？我认为，效率关乎道德。效率高的就是道德的，效率低的就是不道德的。可能很多人认为我在危言耸听。但是，在历史的长河中，从来都是效率高的打败效率低的，而失败者是没有话语权的。道德的标准也从来都是胜利者制定的。

所有新的商业模式要想打败旧的商业模式，就一定要在效率上有所提升，否则不是骗人就是"耍流氓"。商业效率的提升方式（见图1）大概可以分成两种：一是从企业内部出发，提升企业内部的生产效率；二是从企业外部出发，提升企业对外的交易效率。

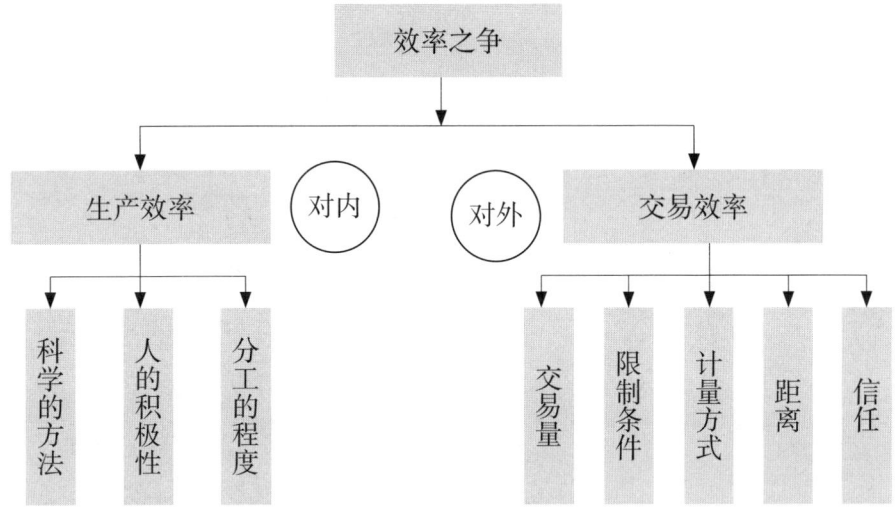

图1 商业效率的提升方式

企业内部的生产效率如何提升？

我们可以从以下三个方面入手。

1. 采用科学的方法

科学技术是第一生产力。只有不断地采取新技术、不断地采用更科学的方法，才能不断提高内部生产效率。

2. 发挥人的积极性

人既是手段，也是目的。当人不能发挥或不愿发挥其积极性的时候，他甚至比不上一头牛。

而要让人的积极性得到发挥，制度起到至关重要的作用。制度也是合约的一种，在人与人之间，不管他们承不承认，都存在着各种成文或不成文的合约关系。哪怕是在原始社会，人与人之间也存在着合约关系，这种合约关系就是丛林法则。在企业内部，老板与员工之间更是存在着合约关系。非常遗憾的是，目前看来，在全世界范围内老板与员工之间的合约关系都不合理。

这些不合理的合约关系，正是造成管理问题的根本原因。

管理问题完全可以通过改变合约关系而得到彻底解决，从而达到不用管的目的。但是，管理者若只是想通过加强传统的管理方式来调动人的积极性，无异于想通过抓自己的头发把自己提起来，这样做不仅徒劳无功，还会使管理问题变得更严重。

3. 提高分工程度

亚当·斯密（Adam Smith）在他的著作《国富论》中，这样描述：

"分工协作是提高劳动生产率的最根本途径。"分工协作的好处非常多,它既可以让员工熟能生巧,又有利于发明工具。为了说明这一点,亚当·斯密举了一个例子:就生产铁钉这件事,如果从锻造铁块到打成钉子,全都由一个人来完成,那么一个人一天只能生产出10个钉子,若由10个人分工协作,一天可以生产出48000个钉子,平均每人一天可以生产4800个钉子,这远远大于一个人从头包到底的效益。从亚当·斯密所举的这个例子,我们可以看出分工协作让效率整整提高了480倍。

但分工协作也是有很多限制条件的,比如,分工协作需要有有一定规模的市场。如果没有市场,没有对私有产权的保护,不能进行交易,或者只能进行很小规模、很小范围的物品交易,分工就很难进行,或者说很难大规模地进行。为什么?这是因为如果一个人只专注于从事铁钉生产,甚至只专注于从事铁钉生产中的一个环节,那么他在生产生活中所需的其他生活资料就必然要由别人来提供,这必然会引发大量的交易。分工越细,交易的规模就越大。同时,分工协作还需要有较便利的交通,这样才能降低交易成本;另外,分工协作还需要有良好的交易规则。如果我诚心诚意和你交易,你却抢了就跑,那怎么行。

这就引申到了提高效率的另一种方式——提高对外的交易效率。

影响交易效率的因素主要有5个:交易量、限制条件、计量方式、距离、信任。

1. 交易量

我们在销售或采购商品时，常说"量大从优"。为什么？因为交易量大了，交易成本就低了。

2. 限制条件

如果"三步一岗、五步一哨"，个个都"吃拿卡要"，交易成本必然会上升。

3. 计量方式

秦始皇统一度量衡的意义为什么如此重大？因为人们有了统一的计量方式，可以大大降低计量成本。

4. 距离

距离产生了美，也增加了交易成本。你在10000千米之外，即便你的生产成本比我低很多，我可能还是会选择自给自足。为什么？因为10000千米外的生产成本低，不等于我到手的成本低。

5. 信任

大家互不相信，必然会造成交易成本大幅上升。而对于如何建立信任，我认为定位理论是最好的工具，没有之一。

为了享受到分工协作带来的红利，企业家们把大量的工人聚集在一起，分工协作，开展多种生产工作。

然而，企业家也在承受着管理带来的巨大风险。前有马克思号召工人阶级团结起来，砸毁万恶的资本家机器；后有美国的工会组织工人联合起来大罢工，逼迫资本家提高薪酬待遇。

管理问题从来都是企业中最重要、最根本的问题。但是，从目前来看，全世界对管理问题所采取的措施，大多从源头上就是错误的。

希望我通过学习大量的经济学理论，以及20多年在一线经营企业、管理几千名员工、踩过无数大坑、浪费数以亿计的财富总结出的管理经验——用合约来替代管理的"合约式管理"，能将深陷管理泥潭的你解救出来。

是时候停止传统的管理方式了！

管，就错了！

商业的未来：美将创造最大的价值

很多人都想知道，商业的未来路径会向着什么方向发展下去。对此，我有一点思考和大家分享。

首先，商业还是会延续过去提升效率的路径走下去，在各行各业中，分工将越来越细，效率会越来越高。制造业的成本可能会继续降低，信息成本也会越来越低。但信息成本占总成本的比重却不会减少，反而会增加。目前，信息成本约占总成本的一半，以后这一比例会增加到六成、七成、八成甚至九成。

这是为什么呢？因为分工变细，产品的生产会变得更容易，成本就会降得更快。但与此同时，产品的品种会变得极其复杂，使得消费者在众多选择中寻找到所需产品变得更困难。但这并不意味着所有产品的成本都会降低；相反，有一项产品的价值将显著上升——那就是美。

第一章　商业的本质

这是由人类的需求决定的。人一旦吃饱了，就必然想要吃得好。所谓吃得好，就是吃的食物味道更鲜美、色泽更好看，香味更诱人，这是对食物的美的追求。未来，一顿色香味俱全、环境优雅的餐食，人们花费1000元去享用。如果只是为了填饱肚子，10元就足够了，其中的990元，是人们为了美而买的单。同样，我们在买衣服时，更倾向于选择设计师品牌或买全球限量版，享受在CBD中心最好的环境、最好的服务中购买。其中99%的钱同样是花在了美的享受上。还有住房，现在的住宅是位置决定价格，但未来，同样的住宅位置，不同的设计、不同的居住体验，可能会让价格相差10倍以上。这些贵出来的地方，也是我们愿意为美而买的单。

当今娱乐圈，"小鲜肉"们备受瞩目，这让许多老派演员很不服气，他们觉得"小鲜肉"们没有什么演技，凭什么片酬这么高！其实，大可不必这样想。这样想的话，我觉得有点像一个老农。老农初次被儿子带到高档餐厅吃饭，花费3000元点了几个菜品，却没吃饱。老农心里既心疼钱又觉得菜品一般，埋怨道："花了3000元究竟吃的啥玩意？还不如在家吃3元的红薯。"

当然，许多老戏骨演技确实了得。这是更高层次的美，需要广大人民群众不断提升自身的欣赏水平。对于一个家庭主妇而言，她偶尔在家看看偶像剧，欣赏欣赏"小鲜肉"，给生活增添一点色彩，不是也很好吗？假如大家都能注重美，能从不同的层面、不同的角度去欣赏美、感受美，难道不好吗？

在我看来，不单是吃穿住行，生活中的方方面面都需要美的改造。

服务员的美在于他们衣着得体、言辞恰当、笑容甜美。教师的美在于他们语言风趣幽默，无论多么深奥的道理，都能让同学们在欢声笑语中领悟。

还有很多本来就是为创造美而产生的行业。比如美容美发行业、花卉行业等。试想，如果花卉行业不能展示美，那还有什么存在的必要呢？但在现实生活中，全国各地的花卉市场大都是当地最脏、乱、差的地方。作为一名花卉从业者，我意识到，即使花卉行业前景广阔，大有可为，花卉从业者也不要忘记对美的展示。

美有利于人们陶冶情操、美化心灵、激发灵感、启迪智慧、提高素质。总的来看，以后各行各业都要往美的方向走。在未来，不懂美，可能在世界上难有立足之地。

商业的未来，美绝对是主角。

第一章　商业的本质

管理的本质是让别人替自己做事

好的管理，就是付出更低的代价让别人替自己做事。

西方管理学发展的历史并不久，但管理这件事本身有着悠久的历史。中华上下五千年文明史，也是一部管理的发展史。从奴隶社会皮鞭加锁链的野蛮式管理到封建社会的承包式管理，再到现代社会引进的各种西方管理理论、管理方法和管理工具，从古代的"韩信用兵，多多益善"到现代的毛泽东"用兵如有神"，都是管理上的突破。

人类在发展过程中总结出两类知识：一类是自然科学知识，一类是社会科学知识。自然科学知识很容易积累下来。在现代社会，随便一名初中生对自然科学知识的掌握程度，肯定都要比李白、苏轼、诸葛亮、韩信等人强。但对于社会科学知识的掌握程度，比如写诗词的水平、书法水平和管理水平等，我们现代人可能还比不过几千年前的古人。在古代，韩信指挥百万大军，十面埋伏围歼项羽，然而作为现代人，你知道这仗应该怎么打吗？如果你没有受过专业的军事训练，却认为自己也可以，那我只能说你是无知者无畏。

很多老板并不是因为自己具备了很强的管理水平才创业的，而是因为看到某个商业机会就选择了创业。很多人甚至连基本的人际关系都弄得一团糟，就开始带着几十人，甚至几百人干起来了。他们只有经历了创业这一过程才会发现，原来管理是如此让人头疼，让员工尽心尽力地工作是一件多么困难的事。别问我是怎么知道的，因为我也曾是这群老板中的一员。

看着自己的钱被磨洋工的员工"骗"走，那种无能为力的感觉太痛苦了。当招进来的一批批员工都是这样的时候，作为老板的你，到底是该怪罪员工的道德水平低，还是该怪自己的管理水平低呢？

遇到这种情况怎么办？

你可以怪员工，可以教育员工，甚至可以辞退员工。当你把这些你认为有效的手段都用了一遍之后，你觉得别人可能有更好的方法，然后夜以继日地去学习费雷德里克·泰勒（Frederick W. Taylor）的管理方法、彼得·德鲁克（Peter F. Drucker）的管理方法、KPI（关键绩效指标）、OKR（目标和关键成果法）和TOC（瓶颈理论）等，接着急不可耐地将其运用在员工身上，最后却发现依然无效，那种绝望感，我相信当过10年以

第一章　商业的本质

上老板的人都能够理解。

当看到部分大学教授几十年如一日地在课堂上宣讲自己从没实践过的管理理论时,我真想看看他们花自己的钱用自己讲授的理论去创业,最后的结果是什么样的。这里我需要强调,必须是花自己的钱。人们在花别人的钱,却没把事办成的时候,会用无数的说辞来为自己的失败作解释;只有在花的是自己的钱时,他们才知道什么是痛彻心扉。

不经过深度思考,我们都会在许多问题出现时对其习以为常,认为这是理所当然的。当我们了解到管理的本质是让别人替自己做事时,我们也会觉得理所应当。其实,这是大有问题的。

别人为什么要替你做事?

你可能觉得,我付了工资给员工,员工当然应该为我做事。但站在员工的角度看,你付钱可以,并且是多多益善,但为你做事,当然是做得越少越好。于是,一场老板想让员工多干、员工想少干的拉锯大战便开始了,各种监督考核的方法也都随之出现,甚至随着科技的发展,各种高科技监督手段都被用上了,如打卡机、360度无死角的24小时监控等,老板使出了各种手段,可谓无所不用其极。但结果怎样呢?只能说是惨不忍睹。

管，就错了！

我想问，当一个现代社会的知识分子坐在电脑前，即使有360度无死角的监控对着他，你能知道他脑子里想的是什么吗？说到这儿，可能已经有老板急不可耐地希望有人能马上发明出可读懂人脑子里在想什么的仪器了。其实，不用那么麻烦，我现在就可以告诉你他们在想什么。

在刘邦打败项羽、刚立国不久后，有一次，他看到一群大臣在窃窃私语。于是，他问谋士张良："这些人在商量什么呢？"张良回答："他们在商量造反呢！"张良的回答把刘邦吓了一跳。他急忙问："那要怎么办？"张良回答："这些功臣提着脑袋和你一起打天下，现如今，天下打下来了，你做了皇帝，但他们都还没有被封赏，当然要造反了。"于是，刘邦赶紧给这些功臣相应的封赏，才真正天下大定。

经济学有一个最基本的前提假设，没有这个前提假设，经济学便不能作为一门科学而存在，这个前提假设便是"每个人都在有限条件下，争取自己利益的最大化"。这是经济学的前提假设，也是本书的前提假设。如果这个前提假设被证伪了，也就说明本书的内容不科学。好在到目前为止，我还没有遇到过，也没有听说过不符合这个前提假设的人。

既然没有人能逃脱这个前提假设，或者说绝大多数人都逃脱不了这个前提假设，那么我们的管理工作还是要在这个前提假设下开展。作为老板，我们除了要考虑员工多为我做事是对我有利的，更要换位思考：员工多为我做事，他能得到什么好处？就这么一个小小的换位思考、小小的疑问,就问出了很多管理问题。在我看来,绝大多数企业的绝大多数岗位合约,都经不起这个考验。在绝大多数合约关系中,老板的利益诉求和员工的利益诉求都是有冲突的,老板希望员工做的事,都是会损害员工的利益的。如果不能重新设计老板与员工之间的合约,设计出能够使老板与员工双方利益一致的、执行成本很低的合约,管理必然会陷入死胡同。

经济学的指引

当看到因管理无效而给企业带来的大笔金钱损失后,我开始学习各种管理理论中,最后竟然是经济学知识给了我很重要的启示,特别是张五常老师的《经济解释》。

张五常老师对很多问题的思考都会追溯到这些问题最根本的源头,在他的启发下,针对企业内部的管理问题,我也开始进行追根溯源,结果发现:所有管理问题的背后都是合约(制度)问题,不是绝大部分,而是所有。

当然,经济学家也是人,也会受各种条件的限制,他们很多时候都没有办法亲自去实验,时间不允许,经费也不允许。经济学难就难在这里,它不像其他科学,比如物理学、化学等,可以在实验室里做实验。因为经济学的研究对象是人,许多实验都要到社会上去进行,不仅花费的时间很长,而且金钱成本很高。

第一章 商业的本质

这些年来，我一直都在做企业和研究经济学。在研究经济学的同时，也一直都能把学习到的经济学知识运用在企业经营管理上，取得得非常好的效果。特别是在管理上，经过多年正反两方面的验证，我完全可以说，管理问题的背后都是不合理的合约问题，不管什么类型的企业、什么样的岗位，概莫能外。

在张五常老师的著作中，关于到底应该采取计时方式还是计件方式进行管理，他的看法是：如果计件的计量成本很高，就不如采取计时的方式。虽然他知道，采取计时的方式会带来员工偷懒的问题，会增加监管成本，并且无论怎么监管，都不可能达到计件的效果，但这是一种两害相权取其轻的办法。而我在实践中发现：计件的计量成本高的问题确实存在，但其背后的原因是没有找到更好的计量方法，若能找到好的计量方法，计量成本不仅不会"高到天上去"，还会低到可以忽略不计。比如张五常老师提到的关于文员工作的计件问题、产量巨大的员工的计件问题，现在都可以得到很好的解决。

我还发现，关于到底是采取计时方式还是采取计件方式进行管理的问题，不能用现有的数据来衡量。比如，办公室文员的工作，采取计时方式进行管理看似很方便。只要员工每天打卡，在月底合计一下，再加上现代化设备的加持，一名员工的工作量可以在10秒内算出来。但在这里，我发现一个大问题：在采取计时方式管理时，员工如果在工作时想办法把时间节省出来，反而会对自己不利。本来朝九晚五，刚好可以做好手头的工

管，就错了！

作，但如果自己今天想出了好办法，把原本需要花费8个小时的工作只用4个小时就做完了，那剩下的4个小时怎么办？提前回家吗？可提前回家，但会被扣钱。坐在那里磨洋工吗？那也是很难受的。向领导反映再加点活吗？可多加了活，可以多加钱吗？还是白干呢？领导有权力对多加的活加钱吗？这些问题都是很现实的。一名新员工在激情的促使下，可能会积极地想办法改进工作方法，但当他所改进的工作方法受计时方式的约束，难以实施的时候，他的激情很快就会消退，慢慢地就开始混日子了。这也是许多企业中的"老油条"越来越多的原因之一。

实际上，白领工作的改进空间是非常大的。从事体力劳动的人，厉害的人比普通人大约强4倍。但是从事脑力劳动的人，厉害的人可以比普通人强1万倍。就算是在普通的办公室文员、财务、行政、人力资源、车间主管等岗位上，厉害的人也可以比普通人强上10倍。而研发、销售类工作，从业人员的能力之间想差100倍都很正常。

怎么才能实现这样的差距呢？如果我比我的同事工作效率高10倍，而我的工资收入却只能是他的1.2倍，我有什么动力保持我比同事高10倍的工作效率呢？

可以再设想一下，如果你的竞争对手以3倍的工资挖走了你的工作效率比其他人高10倍的员工，他的绩效是不是就比你更高了，那你还怎么和他竞争？

第一章　商业的本质

哪个人能比别人强10倍？

不知道。

怎么办？

赛马不相马。

用新型合约来激励人，让干得好的人有更大的收益，让节省下来的时间是他自己的，让多干的人可以多赚。

这类合约怎么设计，在后面的篇章会有详细的介绍。

经济学不是一成不变的，经济学是不断发展的，写这本书的目的就在于为经济学的发展贡献一份力量。

管，就错了！

经营者必懂：消费者购买产品时的思考逻辑

消费者买东西时是怎么想的？首先，消费者会选择自己觉得性价比最高的商品。当然，这种选择是有局限性的。

所谓性价比高，不是单纯指商品便宜，而是消费者认为商品的价值高于其价格。

如果消费者觉得这个商品值100元，商家卖80元，他就认为这个商品便宜，这也可以理解为"消费者盈余"20元。

中国的一些消费者到了法国，宁愿吃泡面也要去购买LV。为什么？这是因为中国的消费者将LV在中国的市场价格作为参考，觉得LV在法国的价格太便宜了。那么，LV真的便宜吗？当然不是。

这给企业经营者什么启示呢？

第一章　商业的本质

企业生产产品时，不能单纯地去降低成本，而是要以消费者的视角来判断，是增加成本和提高质量能给消费者带来更大的价值，还是降低质量和降低成本能给消费者带来更大的价值。消费者算的是综合成本支出，而不是单纯的金钱支出；算的是综合收益，而不是单纯的产品收益。

消费者在购买一件价格为100元的产品时，可能需要付出200元的额外成本。这些额外成本里有搜寻成本、时间成本、交通成本、搬运成本等。这些额外成本，在很大程度上也会影响消费者的购买决策。

作为经营者、生产者、品牌方，要大概知道哪一类消费者愿意购买你的产品，为了购买你的产品，他们愿意付出什么样的成本或代价。如果你不知道这些，就很难判断他的消费行为。

诚然，消费者自己在很多时候也难以立即算清楚成本，因为这一过程本身便构成了投入，对很多人来说还是不小的投入。但即使消费者不能完全算清楚，他心中也会有一个大概的考量范围。

再者，如果消费者经常购买某种产品，已经有自己信任的专家品牌，那他就会首先选择他信任的专家品牌，而不会浪费时间不停地在新品牌里作选择。

但是，再厉害的专家品牌也要被消费者知道才行，消费者不知道等于

管，就错了！

什么都不是。

当品牌方基于定位做某个品类的专家品牌时，不要疑惑为什么还有那么多消费者不选择你。虽然你知道自己是专家品牌，但消费者知道吗？他甚至都不知道这个专家品牌是干什么的。

消费者的所有选择都是基于眼下的局限条件做出的，其一定会计算选择的成本。

消费者在有限的选择条件下，如果眼下没有专家品牌，就会选择自己知道的延伸品牌。但是，再厉害的专家品牌、延伸品牌都不要把价格定得太高了。

当你定的价格高于消费者认为的产品价值时，他就不会选择该品牌了，套用需求第一定律来说，就是"此时、此地、此人对此物，价格升高，销量减少"。

当然，针对相同的商品，不同的消费者给出的心理估值差别还是很大的。因此，市场上会出现你认为很烂又很贵的产品也有人购买的现象。

这时，生产者要考虑的是利益最大化，你不能因为有几个消费者可以接受你定的高价，就把价格定得很高，你要在价格和销量之间寻求平衡。成为专家品牌，可以有效降低消费者的选择成本，因此品牌可以享有溢价。

但不同品类的品牌，溢价的空间不同。拥有保障价值的品牌，其产生的溢价空间与消费者对该产品品质判断的难易程度有关。产品品质越容易被消费者判断，其保障价值越低，品牌的溢价空间就越小。反之，产品品质越难被消费者判断，其保障价值越高，品牌的溢价空间就越大。

品牌溢价还与其品质差异所带来的风险与收益相关。产品品质差异带来的影响越大，消费者对品牌保障价值的要求就越高，反之则越低。而那些拥有彰显价值的品牌，其溢价空间与消费者在意的社会认同度相关。提高社会认同度需要付出代价，因此在购买具有彰显价值的品牌产品之前，消费者会掂量掂量自己的钱包，看看是要面子还是要里子。

对于那些同时拥有保障价值和彰显价值的品牌，在制定价格策略时要综合考虑这两个方面。

在基本生活需求得到满足后，消费者会对产品的外观产生更高的追求。因此，产品的"颜值"变得尤为重要。很多"颜值控"的消费者为了颜值可以不管其他方面，比如为了心仪的外观能够接受高价格、无品牌或低保障价值的产品。

——— 管，就错了！ ———

消费者对于眼下所要购买的产品，如果没有自己知道的品牌，就会选看起来更像品牌产品的产品；如果没有看起来更像品牌产品的产品，就会选看起来品质好的产品；如果连看起来品质好的产品都没有，就会选接近这一品类产品的替代品。

总结一下。

（1）当消费者能够轻松接触到与自己消费水平相匹配且值得信赖的专家品牌时，他们会首先选择这些品牌。

（2）当专家品牌高不可攀（贵）、遥不可及（远）时，消费者就会选择其他品牌。

（3）对于低价值的产品、低频消费的产品、品质或服务容易辨识的产品，消费者对该产品品牌的关注度往往会降低。

（4）消费者甚至不愿意去记住一个品牌名称。模仿别人的行为是一个好办法，这体现了一种从众效应。无论是熟人、明星还是陌生人的推荐，都会影响消费者的决策。比如在餐厅吃饭时，看到别的桌点了某个菜，那自己也来一个一样的。消费者太需要安全感了，他们害怕因买错产品而被别人笑话。

（5）消费者喜欢表现自己的优越性。他们要在购买中体现个性、精明（同样的东西我买得便宜）、比别人更懂。体现方式是，在别人做购买决策时，向别人介绍自己所购买的产品。

（6）消费者还喜欢告诉别人他们买到了哪些便宜的产品，这就是所谓的口碑传播、所谓的转介绍。

这就是消费者购买产品时的思考逻辑。

管理需要解决的两大核心问题

管理就是让别人替自己做事。

好的管理方式可以高效地让别人替自己做事,而要实现此目的,就要解决两大核心问题:一是如何让个体效率最大化;二是如何让整体效率最大化。

为了实现个体效率最大化,就必须解决个体的意愿问题和个体的能力问题;为了实现整体效率最大化,就必须解决个体之间的高效协调问题,要让个体的责、权、利都能清晰呈现。

历史上,人类一直不停地在这方面进行探索。在奴隶社会,奴隶主为了让奴隶认真工作,采取了各种措施,但是这些措施以暴力作行为主,比如圈禁、带枷锁、抽鞭子和饿肚子等。由于人不像牲口和机器一样,人有自己的主观意识,因此这些措施的效果微乎其微。可笑的是,到了现代社

第一章 商业的本质

会，许多企业管理者还在采用类似于奴隶社会的管理方式，比如限制员工的工作时间、安装监控摄像头、罚款和批评辱骂等，这些方式都是奴隶社会管理方式的翻版。我把采用这种管理方式的老板形容为"得了奴隶主的病，没有奴隶主的命"。他们总是觉得，国家的法律限制了他们的管理，让他们对员工打不得、骂不得。我认为，管理者如果还想采取这种管理方式，真该回到奴隶社会去。

奴隶社会的管理方式极为落后，从而导致生产力水平极度低下。2300多年前，商鞅在秦国率先开始了管理模式的改进，改进的核心内容是：奴隶只要上缴固定量的粮食，多余的就都是自己的。比如，一个奴隶主有1000亩（1亩≈666.67平方米）土地和100个奴隶，在商鞅变法之前，奴隶主每天都要提着鞭子让100个奴隶早点去干活、晚点收工回来，但这些奴隶不管干得多还是干得少，每个人得到的报酬也只勉强够自己吃饱。在这样的管理模式下，奴隶为什么要多干呢？更重要的是，奴隶为什么要发挥他的才智去做事呢？要知道，很多奴隶的头脑并不比奴隶主的差，他们可能是在部落战争中被俘虏的贵族或者将军。但是，在这样的管理制度下，奴隶最好的应对方式是想尽办法磨洋工，甚至偷偷地弄坏工具，因为多干没有任何实质意义。

而商鞅变法的主要内容是这样的——还是上面所说的1000亩土地和100个奴隶，他把这1000亩土地分为100份，每份10亩，每个奴隶1份，并且对奴隶宣布："你这10亩地，只要每年上缴给奴隶主1000斤（1斤=0.5千

管，就错了！

克）粮食，剩下的都是自己的。"这1000斤粮食的上缴量是怎么算出来的呢？就是这10亩地生产出来的除去奴隶个人吃的粮食后剩下的产量。这样规定之后，不但奴隶主的收益一点儿都没有减少，而且对于奴隶来讲，变化非常大。如果这10亩地能产出2000斤粮食，个人就可以结余1000斤；而如果这10亩地能产出3000斤粮食，个人就可以结余2000斤。对于这样的做法，奴隶们一开始是不敢相信的。商鞅为了让奴隶们相信，在城门口徙木立信，以证明国家说话算数。

奴隶们认可了这样的做法之后，肯定会拼命地干活，这个时候偷懒的人就是傻瓜了，破坏工具的人就显得更傻了。一年下来，这100个奴隶的收成不可能一样多，一定会有某些人的收成比别人高很多。每个奴隶的10亩地中，也会有某一块地收成较高，某一块地收成较低。到了第二年，大家一定会纷纷学习收成高的人是怎么做的，研究收成高的地块为什么会收成高，收成低的地块为什么会收成低。而这个时候，一个人最宝贵的财富——头脑的作用就发挥出来了。在头脑的加持下，10亩地的产量就会逐年提高。这个改革还有一个更重要的意义——节约监管成本。原来为了管理这100个奴隶，至少需要10多名监工，而现在一个监工都不用了。奴隶们既不会逃跑，也不会怠工，因为逃跑了会无地可种，怠工了饿的是自己。我觉得商鞅变法给现代管理带来的一个重要启发是：如果我们的员工不能得到他们努力后应得的成果，他们是没有理由努力的。

而现代社会的员工，工作成果主要来源于其智力的发挥，体力的作用会越来越小，甚至微乎其微。而智力的发挥特别依赖于人的主观能动性。没有剩余索取权，主观能动性根本无从谈起。

在中国存续2000多年的封建制度极为稳定，管理成本极低，农民的劳动积极性也毋庸置疑。即便如此，我们在近代的劳动生产水平与西方比还是相差甚远。如果效率相差20%，甚至50%，我们可以用努力程度来解释；如果是相差10倍或100倍，就不能用努力程度来解释了。

世界上跑得最快的运动员，也很难比普通人的跑步速度快2倍。那么西方究竟采取了什么样的方式，使其生产效率比我们的生产效率高了那么多倍呢？

答案是：分工。

传统的封建社会实行的是一种自给自足的小农经济，一家人生产生活所需的几乎所有东西都是自己生产的，除了实在买不到的盐和铁。这样一来，不管多辛苦，效率也提不上去。而西方采取的生产方式是每个人只做一件东西，甚至只做一件东西的某一个细小的部分，这样做的好处是生产者既可以熟能生巧，又方便为此发明工具。但这样做也有坏处，那就是每个人需要的其他东西，都要向别人购买。

这种分工协作制度的建立，既需要对产权的保护，又需要大力发展贸易，降低交易环节中产生的费用。所以，最早发展起来的地区基本都是交通比较便利的沿海、沿江地区。总结来说，人类历史上不管出现了多少种管理方式，本质上就走了两步：第一步是让被管理者拿剩余部分，第二步是分工协作。

到了现代社会，即便是当下的中国企业界，仍有大量的企业没有完成这两步。

一家企业，不管规模有多大，只要它的管理层拿的还是相对固定的收入，就可以说，它还没有完成上述两步。试想一下，如果我们改变一下管理方法，让每个主管在自己管辖的范围内，按照约定上缴给企业固定的金额，其余的都是他自己的；或者给每个主管固定的做事经费，事成之后，省下的钱都是他自己的，当然，超出固定经费的部分也由他自己承担，如此一来，还谈何贪污？不管拿多少，他们都拿得光明正大。

当然，很多人可能会说，这样的合约很难制订，很难使双方都满意，这一点我同意。但是，合约很难制订并不代表制订不出来，也并不代表这不应该是我们努力的方向。

还有这样一类企业，仅凭自己就想把整个产业链上下游的工作都做完，希望企业内的员工个个都是"万金油"，这样效率一定是很低下的，员工再努力也很难见成果。回顾历史，我们会发现，我们的管理水平和经营水平可能并不高明。而让个体得到他努力的成果和社会化大分工，是绝对不可逆转的世界潮流，"顺之者昌，逆之者亡"。

所以，我们做管理的，永远不要做违背人性的事。

人性是什么？

"每个人都在有限条件下，争取自己利益的最大化。"

这是经济学的前提假设，如果这个前提假设不成立，整座经济学大楼就会轰然倒塌。这也是合约式管理的前提假设，即便你认为有人不符合这个前提假设，我们的合约也要建立在这个前提假设下。

第二章
如何让个体效率最大化

不变的人性

整个经济学体系，要想作为一门科学成立，必须接受一个前提假设：每个人都在有限条件下，争取自己利益的最大化。也有人把这句话理解为人人都是自私的，从而引起了不小的争议；还有人举出了许多不自私的人的例子来反驳这个说法。西方经济学鼻祖亚当·斯密在其著作《国富论》里，将这一前提假设形容为自爱。

我本人更倾向于接受"每个人都在有限条件下，争取自己利益的最大化"这个说法。

对这个说法，我觉得有必要作一个全面的解释。

"每个人"不需要解释。

"有限条件"很有解释的必要，因为每个人所处的环境不同，且"人是基因与环境的共同产物"。同一个人的思想、认知水平在不同的环境下都有很大的差别。当一个人处在饥寒交迫的生死边缘时，别人给他端一碗热粥的感觉，和他在成为亿万富豪后，别人给他端上来一碗热粥的感觉完全不同。在经济学上有一个规律叫边际收益递减，我们可以通过一个例子来理解。假设你饿了，于是开始吃馒头，吃第一个馒头带来的收益价值是10，吃第二个时就可能变成7了，吃第三个时就可能变成3了，吃第四个时就可能变成0了，吃第五个时可能变成﹣2，因为吃撑了就受不了。也可以这样理解：吃第一个馒头时，你愿意花10元来买这个馒头，吃到第五个馒头时，可能要倒贴给你2元你才乐意。理解这个概念之前，我们就要明白：每个人的有限条件是不同的，在给他利益的时候，要先知道他的有限条件。当然，完全掌握一个人的有限条件是不可能的。比如，一个昨天还为了一天100元收入勤勤恳恳地工作的人，有可能今天就突然撂挑子不干了。但一个人大概的有限条件还是可以掌握的，比如对方大概的认知水平、经济状况、年龄和家庭情况等。

接下来，我们再来说说"利益最大化"这个概念，很多人一说到利益，马上就会想到"钱"。钱是利益没错，但并不是利益的全部，何况金钱也受边际收益递减规律的支配。李嘉诚年轻的时候很穷，他在一家餐厅做服务生，为了很少的一点钱，就可以给你端茶倒水。现在他成了大富翁，再让他给你端茶倒水，你要付的代价是不是要高到天上去？同样地，在你的员工经济状况很差的时候，你给他一点钱就可以对他吆五喝六的；在他的经济状况很好的时候，你再这样试试？

管，就错了！

我听过一个老板讲他如何搞定竞争对手的轶事：他打听到他的竞争对手有一个非常重要的骨干，并且是和老板一起干起来的。接着，他又打听到这名骨干的收入情况，于是安排人以他现在收入1.5倍的工资去挖他，结果没有挖成功，但半年之后，这名骨干和他的老板闹掰了。为什么？因为这名骨干的心态变了。在没有人给他开出他现在收入的1.5倍的工资时，他对老板是感激的，老板批评他有问题的时候，他是可以接受的。但现在，他的心态变了，老板再批评他时，他会想："工资是现在收入1.5倍的工作都被我拒绝了，你却还对我吆五喝六的。"这就像电影《天下无贼》里的台词："人心散了，队伍不好带了。"随着骨干的流失，竞争对手的生意也很快就一落千丈了。

所以，当一家企业的老板只会用"钱"这一个工具的时候，管理成本就太高了。在让员工的收益更大这件事上，还有很多种省钱的方法。比如，让员工在大城市的CBD（中央商务区）办公，给员工荣誉感；营造良好的办公环境，在室内布置花花草草给员工舒心感。在这些方面的投资，大约是人均300元，但可能会带来600元的效果。也就是说，可能会比你给每个人加600元工资都强。又如，良好的人际关系可以让员工有更好的学习机会、进步空间，让员工获得短期收益与长期收益。

我给过我们公司的管理人员一个忠告："批评一次，损失一百。"这是什么意思？就是告诫基层的管理者，不可以批评员工，你的每一句批评，都会让你损失大概100元。这个损失是怎么算出来的？假设一名员工在一家企业上班，平均每个月都要被老板骂10次，而在另一家企业，老板总是对他和颜悦色。那么老板喜欢骂人的这家企业就要多出1000元，才能请到和老板和颜悦色的那家企业同样素质的员工。这多出的1000元，可以理解为给员工的精神损失费。当然，这还只是针对基层员工，如果骂的是收入很高的高管，需要付出的精神损失费就更多了。

古代有一名能征善战的将军，在一次战后的宴席中，没有把肉分给他的车夫，结果车夫很生气。在下一次战役中，车夫直接驾着马车把将军拉到了敌方阵营里，让将军做了俘虏。《三国演义》里的张飞，也是因为醉酒后打骂士卒，被身边的士卒杀死的。

由此可见，我们只有在能全面综合地衡量员工利益的时候，才能做出最高性价比的行为，真正实现员工利益最大化、企业利益最大化。

人的潜力

人的能力在不断地探索一件事的过程中会不断进化。我记得有人写过一篇文章，意思是业余的不要和专业的比，没法比；都是211院校毕业的大学生，刚毕业的时候，他们的差别不会太大，但10年之后，差别可能会非常大。

基于这种情况，我在很早以前用人，特别是在用年轻人的时候，对企业采取不论干多干少每月收入都差不多的薪酬模式就特别反感。我始终觉得，这是对人的糟蹋。对于作为老板的你来说，你浪费的是钱，但对于员工来说，你浪费的是他们的生命。我现在更是觉得，很有必要让更多的企业老板从改变用人合约着手来改变用人方式，真正做到对人的尊重。

有句话说，好的制度可以让坏人变成好人，坏的制度可以让好人变成坏人。我深以为然。

制度就是一种合约。

人为了自身利益，在什么样的合约下，就会发展出什么样的技能，正如"楚王好细腰，宫中多饿死"。

如果老板不按照员工的工作成果来给员工付薪酬，反而按照工作时间来付，那么员工就会延长工作时间给你看。本来花一天可以做完的事，他会连加3天班，甚至连加7天班才做完给你看，而且越是在节假日越要加班，因为节假日加班有3倍工资啊！

我们不讨论个别的天才，对于绝大多数像你我这样的普通人，我们的心思花在哪里，我们的能力和成就就会在哪里。越是复杂的工作，可改进的空间就越大，就看你是不是能用心钻研。而对于绝大多数人来说，用不用心钻研，关键就看对他们有没有好处。

为什么很多有很强的创造力的老板觉得自己的员工很笨？其实，员工一点儿都不比老板笨，老板觉得员工笨，那是因为员工觉得，表现得笨一点对自己更有利。更何况，人的大脑和身体是一样的，练习、使用得越多就越灵活，长期不用就废了。

社会化大生产要求每个人都有一项绝活——在每一个细分领域都可以创造出奇迹。企业中的每一个岗位，特别是所谓的复杂白领岗位，不管是文员、财务、行政、统计、业务、采购、销售、设计、研发，还是后勤、物流、仓管等岗位，从业者的能力都有10倍、100倍的增长空间。要相信，任何一名员工在某一个领域刻苦钻研10年、20年，都会大有成效。

在各家企业中，有着成千上万名做同样工作的人，如果他们都刻苦钻研，肯定就会有人取得大突破，一个人的突破就可能惠及千千万万的人。

假设一名员工在后勤管理上取得突破，别人要一个月每天工作8小时才能干好的事，他现在只需要每个月工作8小时就可以干好。那他可以怎么办呢？一方面，他可以在企业里申请做其他岗位的事情；另一方面，他可以到其他企业也干同样的事，这样一来，他一个人就可以在大约30家企业兼职。比如现在的花卉租摆业务，以前都是各家企业安排内部员工打理花草，而现在，只需要请一个很会打理花草的人来做即可，这个人专门为几十家企业打理花草，让他来做这件事，既专业还省钱。

把员工的潜力激发出来，首先受益的是老板自己，其次受益的是员工，最终受益的是全社会。

可是，"千里马常有，而伯乐不常有"。能激发员工潜力的老板是稀缺的，所以有"士为知己者死"的说法。如果你能激发出员工的潜力，最不用担心的就是员工流失问题。

员工为什么离职？马云说得好："钱没到位，心里不舒服了。"

而这个问题，在采用了合约替代管理的新方法后，就可以完全解决了。

怎样让员工更卖力

老板与员工的本质区别是什么?

员工怎么看老板?

在许多员工眼里,老板简直不要太舒服,老板想什么时候来就什么时候来,想什么时候走就什么时候走。只能他批评别人,别人不能批评他。事情干不好,他就去骂别人。一天到晚,吆五喝六,什么事都让别人做,自己躲进办公室把门一关,就可以什么都不干。各种酒席、高端场所,老板天天去。最最关键的是,100个员工赚的钱还没有他一个人多。也难怪,马克思一声号召——"全世界无产者联合起来",大家就很容易地聚集起来,一起反对老板了。

在员工眼里,老板就是剥削工人、不劳而获的"吸血鬼"。

第二章　如何让个体效率最大化

老板怎么看员工？

老板觉得："整个企业就我一个人操心，所有压力都在我一个人身上；这么多的投资，我的身家性命都压在这里，稍有不慎，企业说没就没；员工工作全部都是在熬时间，他们不动脑子、不用心；员工都是抽一鞭子动一下，一会儿看不到就偷懒；每到月底，大家都在伸手要钱，我自己一个人要管那么多人、那么多家庭的生活；我永远都没有上下班的概念，无论什么时候都要为企业操心。"

问题出在哪里？

看看，吓人不？在公司天天都面对面的人，对彼此的看法差别却那么大！这就难怪老板和员工之间的矛盾那么严重了。

出在我们的制度设计上，出在我们没有理解老板和员工的本质区别上。为什么我们会说一个人是老板？难道是因为这个人有钱？肯定不是。老板的本质是拥有剩余索取权。

举个例子：我们都知道，一门生意的收益是变动的，做得好，可以赚100万元；做得一般，可能赚50万元；做得差，可能一分钱不赚甚至亏10万元，乃至亏100万元。但是，在这门生意里，如果是几个人一起做的，其中有的人，不管生意做得怎么样，他都能拿10万元；而有的人，不管生

管，就错了！

意做得怎么样，别人拿剩下的，都是他的。剩下的可能是90万元，也可能是−110万元。这个时候，我们就把最后兜底的人称为"老板"，而把不管是亏还是赚都能拿固定收入的人称为"员工"。

看出区别，也看出问题了吧？老板要兜底，那他当然要操心。员工拿固定收入，自然不会像老板一样操心，老板当然要管员工，所以，老板的工作不需要以时间来衡量。老板没有任何必要做假动作，让自己看起来很忙，老板要的是真正的成果，而不是辛苦的表演。

怎么办？

我们能不能从根本上改变这样的分配方式，让每个员工都和老板一样拿剩余的，并且是拿100%的剩余呢？这样一来，我们对员工，就可以做到完全不用管理了。既不用管理员工的工作时间，也不用管理员工是不是在做假动作。我们只需要让员工对自己的工作负责、对成果拥有剩余索取权就可以了。比如，企业对员工的管理，从原来的记录员工的工作时间，只要员工没有犯错，就可以拿到约定好的收入，转变为老板和员工先约定好做出某个成果的报酬。只要员工做出了某个合格的成果，就给员工相应的报酬。而员工为了做出该成果付出的时间、成本，都与老板无关。为了做出同样的成果，可能有人花了一个月的时间，有人花了半个月的时间，但是现在他们的收益都是一样的。在这里，我们要把员工的剩余索取权给到他们。这一做法的有效性在笔者大量的实践中得到充分验证，凡是改用这种做法来管理员工的企业，员工的行为方式无不发生了根本性的改变。

管理方式改变后，会出现以下情况：

（1）要催员工早点下班，注意身体。

（2）没有任何加班费，可员工却催都催不走。

（3）工作期间根本不用监督员工。

（4）员工都会认真工作。

（5）员工都是带着头脑去工作。

（6）如果发现某个人的工作方法好，大家会马上学习。

（7）人与人之间的差距会拉得很大。真正用心工作、有能力的人，可以获得更大的收益。

（8）大家都不再抱怨谁偷懒、谁占别人便宜了。

这些变化都是因为老板和员工签订了新的合约。根据现有的经验来看，各种类型的企业和岗位，都可以采取新的合约方式，达到让员工成为老板的目的。

管，就错了！

比如行政岗位，可以先把员工的工作内容制作成清单，约定好质量要求，然后不再限制员工的工作时间，只看工作成果。不仅不限制员工的工作时间，还要每天催促员工早下班。

让员工在做重复性工作时，可以越做越好，越做越快，鼓励员工用心工作。把员工用心工作带来的剩余价值都给回员工，员工才会认为用心工作有意义。

要把过去用时间来考量员工的方式全部改掉，变成用成果来考量员工，除非时间本身就是质量要求，比如烤面包，质量要求必须用260摄氏度烤10分钟。在员工提供成果之前，一定要先约定好价钱，让员工知道节省下来的全部都归他自己所有（也就是让员工拥有剩余索取权）。一定要和员工进行大量的重复性交易，甚至每天都可以交易很多次，同时要遵循市场经济中的信誉机制，双方都严格守信，对于不守信的人可以拒绝再次交易。在这里，如果老板不守信，就会毁掉这个交易体系，让合约失效，这样一来，老板的损失就会很大。因为每个员工都是从老板这里（这时的老板就变成了甲方）拿到剩余，而老板是从自己的甲方（顾客）那里拿到剩余。老板的收益来自顾客的购买，而决定顾客是否购买的是其购买的产品或服务是不是自己想要的、价格是否合理、质量是否合格、交易过程是否是高效。所以，错误的合约方式是制造矛盾的引擎，正确的合约方式是激发员工工作动力的法宝。

合约式管理实施后的企业状况

一、管理成本大幅降低

通过合约式管理,每个人都有了清晰的责、权、利,因为员工都是按照做出的成果来获得收益的,老板自然就不用操心员工的积极性、主动性。这样,管理人员的管理半径就可以大幅增加。经过测算,通过合约式管理,企业可以降低90%的管理成本,老板可以降低90%的管理时间,可以进一步发挥企业的规模优势,让U型成本曲线的底部大大加深。

二、企业的任何事都有人比老板更加操心

在以前的管理中,对企业绝大多数事情最操心的就是老板,甚至只有老板一个人操心。许多老板为了能多有几个人和他一起操心,甚至会采取分股份的方式,而这种方式随着企业规模的扩大,渐渐会变得效果不佳。采用合约式管理,让每件事都有清晰、明确的责任人,比如水管漏水,以

前最心疼的肯定是老板,而现在,水费已经承包给了员工,这个时候水管再漏水,最心疼的肯定是承包了水费的员工。

通过计算机会成本和比较优势可以看出,企业内绝大多数事情由老板负责都是不划算的,因为老板的机会成本是最高的。比如,在以前员工自己操作的机器坏了是企业负责,实际上就是老板负责。而老板可能三个月都没有看过一眼这台机器,机器既不是老板搞坏的,他也不会修,但是他却要对此负责。这样一来,不就等于让一个最不适合的人干一件最不适合的事吗?那应该由谁负责呢?当然是由操作机器的人来负责。他离机器最近,最清楚机器的状况,也最有条件降低机器损坏的概率。诸如此类,把企业的大小事项,分门别类地找到具体的责任人,由于他们的机会成本比老板低,所以,同样的事情,他们一定会比老板更操心。一个员工如果损失了100元,他就会十分心疼,会竭尽全力地避免以后再次被罚。

三、责、权、利都很清晰

企业可以通过两个维度来分清责、权、利。

第一,人的维度。检查每个人能不能明确地知道自己的责、权、利,并且做到三清晰:上级清晰、本人清晰、上级知道本人清晰。看还有没有不清楚自己责、权、利的人,这种清楚不是估计的,而是要每个人都能非常明确地说出自己的责、权、利。在合约式管理实施的过程中,不是某人应负的责任，是赖不到他头上的；某人该有的权利是必须有的；某人该得到的利益是明确的。

第二，事的维度。企业可以用拉清单的方式，地毯式排查每件事，搜索具体、明确的责任人，而这个责任人一定是唯一的。任何需要两个人负责的事，要么明确由其中一个人负责，要么让他的上级负责；任何没有责任人的事，就是由老板负责，而要老板负责的事，一定要计算清楚性价比。如果因为一件事，需要批评处罚两个人，那么这个处罚就是无效的，这时应该罚的是安排工作的人。

经过这两个维度的筛查，对于老板来说，以后需要负责的事就只有以下三项了：①定方向；②找资源；③选人才。除了这三项之外，对老板来说最重要的事就是把时间放在学习上。因为做好事情最重要的不是努力，而是有方法。方法不是空想出来的，而是通过学习得来的。所以我建议，凡是企业达到一定规模的老板，要把80%的时间放在学习上。

四、没人需要管

当我们是按成果来给员工支付报酬，并且在预案中考虑到了员工的积极性问题、工作风险问题的时候，我们就完全不用再去担心员工努不努力了。如果这时还有员工需要我们去管理，那就说明我们的合约是有漏洞的，这时我们要想的并不是如何加强管理，而是如何改善合约。

五、有人可以高效完成任务

由于每个员工的工作都是为自己干的，绝大多数员工希望自己的收益最大化，同样的事，越早完成对员工越有利，完成得越好对员工越有利。这样一来，工作根本就不愁没人干。坚持用合约式管理，很容易增加人手，还特别有利于员工关系和谐。其实很多时候，员工之间关系不和谐，表面上是情绪上的不和谐，实际上是利益的不和谐。当员工之间的利益不冲突时，他们之间99%的问题都可以解决，之间的关系会变得更纯粹。大家会根据各自的兴趣爱好交朋友，真正做到"君子和而不同，小人同而不和"，而不像在传统的管理方式下，根据利益拉帮结派。

六、企业具备高度弹性及反脆弱能力

在合约式管理下，全体员工与企业共进退，大家共同出钱出力，企业做一件事的投入会大大减少。在企业遇到黑天鹅事件[①]时，可以全员承担风险，企业的抗风险能力会大大增强。如果企业需要扩张10倍，也能迅速扩张起来；如果企业需要收缩10倍，也可以迅速收缩下去。

下面，我们来看一个曹操和刘备煮酒论英雄的小故事。

---

① 黑天鹅事件是指非常难以预测且不寻常的事件，通常会引起市场的连锁反应甚至颠覆性变化。

龙能大能小，能升能隐；大则兴云吐雾，小则隐介藏形；升则飞腾于宇宙之间，隐则潜伏于波涛之内。方今春深，龙乘时变化，犹人得志而纵横四海。

夫英雄者，胸怀大志，腹有良谋，有包藏宇宙之机，吞吐天地之志者也。

像极了实施合约式管理的企业。

管，就错了！

市场经济的启示

中国改革开放创造了经济奇迹，靠的是什么？最值得一提的就是中国的3000万老板。他们在政策的引领下，发挥自己全部的力量，助力中国改革开放。为什么就算没有人督促这批老板们干活，他们都那么自觉地努力工作呢？而一家企业的几百名员工，为什么就不能像老板那样努力工作呢？就算老板天天盯着都不行，简直让人操碎了心。

作为老板，你更要从深层次思考这个问题。你努力，是因为你是为自己干的，风险由你自己承担，剩余成果由你自己享用。而员工呢？在员工看来，风险在老板那儿，剩余的成果也在老板那儿，他是旱涝保收的。那么员工奋斗的理由是什么？如果在这样的合约（制度）设计下，还有员工拼命工作，我给你提个醒：这名员工大概率是来学习的，他准备要自己当老板。

老板和员工遵循的是两种不同的合约，因此会有两种不同的工作态

第二章 如何让个体效率最大化

度，泾渭分明。

不要再埋怨员工不努力了，在你设计的合约下，努力的员工，你根本不配拥有。

合约与合约之间最根本的区别是什么？

区别就在于有没有剩余索取权。

说白了，就是员工会想如果我努力多干了，多出来的部分能不能是我的。我节省的时间能是我的吗？能，我就节省；不能，我就不节省。我节省的钱能是我的吗？能，我就节省；不能，我就不节省。我提高质量带来的收益能是我的吗？能，我就提高；不能，我就不提高。

谁拿剩余谁操心，谁拿固定谁躺平。

不解决利益分配问题，试图用强制性手段解决员工的工作动力问题，在当今社会已经行不通了。

许多老板看到这里，可能会误解，认为如果剩余的都给了员工，自己不就成了拿固定的了，那自己还有什么动力工作？

管,就错了!

如果你这样想,那就说明你混淆了你和员工所处的市场。比如你安排员工出差,规定好一天的差旅费是500元,而不是实报实销。员工花100元,你给他500元;员工花1000元,你也给他500元。后者就等于员工在花自己的钱,他就会选择他认为性价比最合适的酒店和餐厅,而不会随意浪费。在这件事上,员工行使的就是剩余索取权。而这个剩余被员工拿去,根本不会影响你作为企业老板拿到的因产品销量上涨带来的额外收益。也就是说,你享受的是企业产品增值带来的剩余索取权。

员工出差和企业产品处在两个不同的市场,对应来讲,员工和你各自都在不同的市场中享受剩余索取权。当然,如果员工出差的剩余索取权你不给员工,而是留在自己手里,也不是不行,那你就要帮助员工订票,选择酒店和餐厅,想办法把浪费降到最低。如果这些工作都交给员工自己做,你就要想办法对员工进行监督,还要想办法对监督人员进行监督,这些都是成本。

具体采用哪种办法呢?在这方面,有一个原则,即"不浪费原则"。

什么是浪费?即本来可以花300元,但因为花的不是我的钱,我省了也没用,就花了500元,这就叫浪费。假如能把这200元节省下来,不管节省下来的钱到了谁的手里,都不叫浪费。本来不需要监督的事情,现在由于合约(制度)不合理,变得需要监督了,而监督所产生的成本也是一种浪费。本来可以用低成本的方式,让出差在外的员工自己做,现在却需要高成本，让不出差的老板去做，这也是一种浪费。

比如，一辆汽车，最节省的管理方式是由司机自己负责管理。如果司机在千里之外开车，车出了故障，却要老板负责，结果一是老板负责的机会成本高，二是老板负责的效果差，这就是浪费。

在不浪费的大前提下，剩余的部分怎么分配，这就涉及另一个层面的问题了。许多老板看到那么多剩余都被员工拿走了，因此心里很不舒服。在这里，我可以先告诉各位老板，这部分剩余，员工也不是轻易能拿走的，至于为什么，我会在后面的章节里揭晓答案。

个体效率如何最大化

个体意愿最大化+个体能力最大化=个体效率最大化。

一、员工意愿问题的解决

古今中外,为了让手下人多干活,管理者可以说是想尽了办法。但只有一种办法可以真正解决员工的意愿问题:让员工享受剩余索取权。在这样的合约设计下,根本不用监督,员工们就会全力以赴地工作。然而,这种方法虽好,但不是那么容易运用的。针对不同类型的工作如何设计合约,实际上是个技术问题,没有技术的人是肯定设计不出来的,或者只能设计类似出差报销这样的简单合约。各种类型的合约的具体设计方法,我放在后面再讲。

二、员工能力问题的解决

员工能力问题解决的前提是员工意愿问题的解决。要先解决意愿问题，再解决能力问题。如果员工没有意愿，就算有机会提升能力，他们也不想提升。

解决能力问题，有以下几种方法。

1. 选择合适的人

我认为，从管理角度来看没有不行的人，只有不合适的岗位。针对不同的岗位，要匹配好合适的人，但这个匹配也是有方法的。假如某岗位需要一名员工，我们可以先开出较高的薪酬待遇，多吸引几个符合条件的人，让这几个人都试着做一段时间，最后再看谁最合适。这里分享一个我租车的小故事。

我们公司生产花卉，因为运输需要，要租5辆货车长期和我们合作运货。行政部经理到市场上选择了5辆符合要求的车辆，并向我汇报称，每趟运费要700元。他还说，如果好好讲一下价，有可能把价格压到600元。这时，我不仅没有让他继续压价，还让他把价格加到800元，并找了20辆车。当价格提到800元的时候，20辆车很快就找好了。我让这20辆车轮流给我们公司拉货。经过3天的运转，拉货的司机都拉了几趟货，也都了解了

管，就错了！

我们公司的货运情况。这里要说明一下，我们公司的货运情况与其他同行有很大不同。其他花卉公司一般都是用泥巴种植，运输的货物重量很大，而我们采用的是营养土，重量只有其他花卉公司的1/3。另外，其他花卉公司装货都是散装，一车货少说也要装2~3小时，而我们公司采用参考货船集装箱的原理设计的小推车装货，整个装车过程只需要5分钟。并且，公司对装货、卸货时间有严格限制，谁超时谁负责。最重要的一点是，我们公司的货源充足，可以让司机常年有活干。然而这些信息如果在找车的时候和司机一个一个地谈，不仅信息成本高，很难谈下来，而且司机一般都不会相信，因为确实经常有人用这套说辞让他们降价。现在，经过实打实的合作，司机师傅们都知道了我们公司的具体情况。

经过一段时间的合作后，我让他们重新报价，哪个司机的报价合适就优先选择哪个。结果他们居然都报出了让我意想不到的低价——350元。如果我当初只选择前面找的5辆车，可能很难有这样的低价，因为每个司机的机会成本不同，有的司机有很好的货源，不愁生意，自然就会要价高些；有的司机不想辛苦，当然也会要价高些。虽然在挑选的时候多出了2万多元的司机试用成本，但从长远来看还是非常划算的，并且一直有另外15辆车作后备，随叫随到，在临时需要的时候，即使价格高点，也能保证不耽误事。

后来，我把这个方法总结成六个字——"人傻、钱多、快来"，让大家都知道我这里的钱好赚，让大家都愿意来，来的人多了，自然就有了竞争，就形成了市场，也就能挑选出最合适的人了。

2. 展开竞争

让员工之间展开竞争，对做得好的，除了约定的报酬之外，还可以获得额外的奖励，对做得不好的尽早淘汰。

3. 提炼长处

对于有些做得好的、有了新方法的员工，公司管理层要积极鼓励、帮助其挖掘出新方法，并以优秀建议奖的形式给予奖励，还可把这些新方法传授给其他人。以后管理人员的作用就是让员工舒舒服服地多赚钱。

4. 组织学习

要把组织员工学习的事，当作企业的头等大事。在以合约替代管理后，管理的任务没有了，企业的管理成本也省了一大部分，只剩很少的一些计量成本。但如果员工没有方法，再努力又有什么用呢？方法要从学习中来，不仅要学同事，还要学同行、学其他行业。要多组织讨论，多组织头脑风暴。员工想到的好办法，如果需要试验，企业还要给其专门的经费来做试验，学习的费用也要由企业出。

计时工资与计件工资

什么是计时工资？

计时工资是根据员工的工作时间，按照员工的工资标准、等级计算出来的员工的劳动报酬。

什么是计件工资？

计件工资是根据员工完成的合格产品的数量或者一定的作业量计算出来的员工的劳动报酬。

从老板对员工的要求来看，购买员工的时间不是目的，购买员工的成果才是目的。但之所以大部分老板对大部分岗位的员工还是采取计时的管理方式，主要是因为他们找不到合适的计件方法，特别是对于从事复杂的白领工作的员工。

我在一些企业看到，因为生产一线的员工的工作内容比较单一，大都对其采取计件方式管理，但是对员工的主管、班组长、车间主任和厂长等公司各级管理人员，都是采取计时方式管理。这就产生了一个严重的问题：当企业的生产量加大时，基层员工的收入可以随之增加，基层员工是欢迎的；而对于领取计时固定薪酬的管理人员来说，他们实际上是吃亏的。我就曾听一位车间主任当着我和他企业董事长的面说："如果企业订单多，我就自认'倒霉'呗。"他用"倒霉"一词描述，吓了我一跳，也由此可见他对增加生产量的反感。同样地，如果公司停产了，他眼前的利益反而是最大的。

当天下午讨论时我就这个问题，对该企业董事长提出问题"如果占总人数1/3、收入占总薪酬一半的管理人员都是这样的想法，企业该有多危险？"然而，事实是，他们都有这样的想法才是对的，是符合他们的眼前利益的。企业订单减少、员工减少，财务人员的工作量是不是减少了？后勤主管的工作量是不是减少了？而他们的薪酬并没有减少。这样的合约方式，或者说这样的计时方式，你还不认为是出现了严重的问题吗？

如果老板们只能把解决这类问题的希望寄托在这批管理人员的自觉上，寄托在他们能懂得"皮之不存，毛将焉附"的道理上，寄托在他们能体谅老板的不容易，设身处地地为老板着想上，那我只能说："兄弟，保重！"

管，就错了！

我可以负责任地说："没有任何岗位是不能计件的。"我还可以负责任地说："任何岗位都能找到比计时好的计件方法。"

要解决这个问题，首先要坚信我说的话，然后再去想办法。如果自己先认为不可能，那就更不可能去想办法了。

怎么想办法？

要先"自废两个武功"：一是限制员工时间，二是批评员工。你先假设，你以后没有任何权力限制员工的工作时间，员工可以任意迟到早退，想来就来，想走就走。在这样的情况下，你怎么管理员工？你再假设，对员工你只能和颜悦色，不能批评员工。在这样的情况下，你怎么管理员工？

不把自己的后路断了，就永远不能倒逼自己想出好办法。

第三个思路是，不管面对什么岗位上的员工，你都要把他想象成第三方合作伙伴。你在采购物品的时候，关心过对方老板偷没偷懒吗？你关心的是什么？是产品的数量、质量、价格和交付期。那为什么你不可以用这些指标来要求员工呢？

第四个思路是，先谈好价钱再做事。我们在购买任何产品或服务的时候，哪次不是先谈好价钱的？但具体要怎么谈才能让双方的沟通成本最低呢？这绝对是个技术活。

我知道，很多老板在上面这四个思路的指导下，像是完全被捆住了手脚，不知道怎么做事了。但这是最底层的思考逻辑，不在这个逻辑下思考问题，后面教给你的方法你也学不好，还特别容易反弹，一遇到点困难就很容易走回计时的老路。

天图投资（深圳市天图投资管理股份有限公司）的CEO（首席执行官）冯卫东说过："计件推动效率创新，计时推动摸鱼水平创新。"试想一下，两个同样水平的大学毕业生同时参加工作，一个人的工作岗位采用的是计件式管理，一个人的工作岗位采用的是计时式管理，10年之后，这两个人会有多大的差距？

管,就错了!

人的逻辑自洽

你不能理解他人,主要是因为你不知道他是如何进行逻辑自洽的。比如,有个老板,生意做得不算小,但他有个习惯,就是什么事都喜欢自己做。企业需要运输,他就自己搞车队;企业需要厂房,他就自己建;企业需要什么原材料,他能自己生产的就自己生产。很多人不理解,认为社会分工已经如此细化、各行各业的竞争已经如此激烈,自己做怎么可能不浪费呢?这人是有多蠢,才会干出这样的事情啊!

其实,这位老板恰恰不是因为蠢才这么干的,而是因为太聪明了。

这位老板在采购任何东西时,都会去计算这个东西的成本。经过计算他发现,很多东西都报价太高,赚了他太多钱。他觉得,自己的钱为什么要让别人赚去呢?于是,他就开始研究这个产品,看看自己能不能做。一经研究,他发现,原来这个东西并不复杂,不仅自己能做,而且可以做得比别人好,成本还可以少一大半。那为什么不自己做呢?

逻辑自洽的大前提是：自己的能力比原来做这个东西的所有从业者都强1000倍（这个前提，下属既不能挑战，也不能证伪）。"既然我的能力比你们强1000倍，我自己做肯定比你们做效果更好，还可以省去许多中间环节的麻烦。"

有了这样的思维，就会先入为主地去看待别人的问题，忽视别人的优点，别人在生产中产生的许多隐性费用也会被选择性忽略，许多自己还没做到过的事，也会被选择性简单化。这样一来，这种逻辑自洽的人就会放大自己的优点，放大别人的问题，更坚定自己的选择。而他的下属也会因为摸清楚了他的思考逻辑，故意投其所好地配合他这样做。

虽然在实际操作中，这么做的结果几乎100%是失败的，但他总能找到自圆其说的理由：主要是下属的执行力不行。而自己呢，主要是太忙了，如果自己能抽得出时间，肯定可以做好。

这就是很多简单的逻辑思考者让自己的逻辑自洽并以此来说服自己的过程。你不理解，是因为你不知道他的思考逻辑。

管，就错了！

阿米巴模式在中国行得通吗

近些年，阿米巴模式在国内受到不少人的欢迎，许多企业也都尝试采用阿米巴模式来管理。阿米巴模式本质上就是把大企业拆成小单元，并且让一个个小单元单独核算。这样一来，哪个小单元（阿米巴）做得怎么样，就可以很清楚地知道了，也就更加方便奖罚了。阿米巴模式在日本被稻盛和夫推出后，因稻盛和夫做出了两家世界500强企业而倍受推崇。不可否认，阿米巴模式在日本确实起到了很好的作用。比起其他很多管理方法，阿米巴模式还是先进不少的，但我为什么说阿米巴模式在中国行不通呢？

首先，我们来看看阿米巴模式是如何起作用的。

在经济学上有一个企业成本U型曲线（也称"碗"型成本曲线），它是指企业的经营成本，因为规模效应，一开始会随着规模的扩大而逐步降低，但降低到一定程度后，就开始不降反升了，整个成本变化形成一条U

型曲线（见图2）。

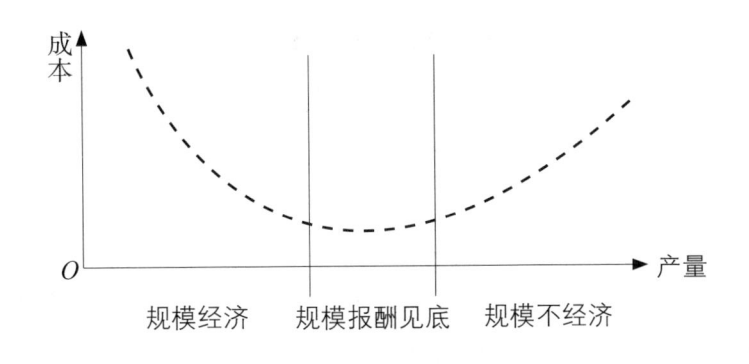

图 2　企业成本 U 型曲线

如图2所示，在初始阶段企业成本随着经营规模的扩大而下降，我们很好理解，但为什么到某个节点后，企业成本却开始慢慢上升了呢？

最主要的原因，就是管理成本的飙升。随着企业规模的扩大，企业内人与人之间的沟通成本是呈几何级数攀升的。所以，很多只有1000人的企业，管理人员就有500人之多。以部队的层级为例，每10个士兵，有1名班长，管理人员占比为10%；而士兵达到30个人时，就有3名班长、1名排长、1名副排长，共5个管理人员，管理人员占比上升为17%；如果士兵人数到了3万人，管理人员占比就有60%以上了。而这些管理人员，本质上都是为一线员工服务的。但随着企业规模的扩大，一开始的10名员工的劳动成果负担1名管理者，变为后来的10名员工的劳动成果负担20名管理者，管理成本足足增加了20倍，这当然是很难承受的。这也就是企业规模大到一定程度后，企业成本不降反升的最根本的原因。一股是降的力量（规模），一股是升的力量（管理成本），这两股力量在打架。如果企业的管理水平高，也就是说企业对管理成本上升的力量控制得好，企业规模就可以大一些；反之，企业规模就要小一些。另外，企业规模的大小也与企业的性质、生产方式有关系。一些采取大规模流水线生产的企业，规模就可以大很多，因为流水线上采用的是标准化生产，管理难度相对小得多。而一些依靠创意的咨询企业，因为管理难度大，企业规模也就很难大起来。

我们再来看看阿米巴模式。因为上述问题的存在，阿米巴模式创造性地把大企业拆分成一个个只有十几个人的小单元，并且让这些小单元独立核算、自负盈亏，小单元与小单元之间只存在交易关系，这确实大幅降低了公司的管理成本。但我为什么说它在中国行不通呢？（事实上，在中国阿米巴模式确实也没有行得通，中国目前还没有哪家规模较大的企业成功地运用了阿米巴模式。）

阿米巴模式在中国行不通，主要有以下几个原因：

一、中国人与日本人的观念不同

在日本，很多人在一家企业打工，都是准备从一而终的。而且，日本有很多企业采用员工终身雇佣制。而在中国，除了在政府部门工作的人，在私企打工的人，有几个是准备从一而终的？在日本，大家在一个小阿米巴里一起工作，如果谁偷懒被别人发现，那是件很丢脸的事情，以后在这个小圈子里很难再混下去了。而在中国，许多人都没有这方面的顾虑，因为可以随时走人，所以大家都不在乎别人怎么看。我见过很多两口子在一起干活，一方偷懒，让对方多干一点的例子，更何况大家是来自天南地北的陌生人呢！所以，想通过改小组织，让大家不好意思偷懒，自觉干活，在中国是行不通的。在中国，唯一行得通的就是实行包干计件，把工作算到个人头上（夫妻需要分开计件），才能彻底解决问题。我们公司也是这样做，才解决问题的。（一开始，我们公司还允许两口子合在一起作为一个计量单元，后来发现不可行，就全部改为个人了。）

二、计量的方法不行

虽然稻盛和夫考虑到了计量成本的问题，没有要求每个阿米巴都把账算得那么规范，只要求像一个夫妻档的小超市一样，把流水账记清楚就行。但是，在实际操作中，阿米巴模式还是过于复杂了，浪费了很多成本。如果把每个人都看作一个阿米巴，并且单独记账，那就成了不可能完成的任务了。

三、交易成本过高

阿米巴与阿米巴之间要进行大量的交易，这些交易的成本还是太高了。想要每天都能清清楚楚地知道每个人的收益（因为这样才能激发人的积极性），对阿米巴来说，也是不可能做到的。

所以，综合来看，虽然阿米巴模式对传统管理方式的错误方向做出了改变，也尝试着往正确的方向上走，但很可惜，它才刚刚起步。

股权激励的弊端

当很多老板把各种管理方式都用了一遍,却发现作用都微乎其微时,他们就准备上大招了——开展股权激励。要说股权激励没有作用,肯定是不客观的,但是,大家还记得我说的成本原则吗?不管采用哪种管理方式,都要考虑成本与收益。股权激励有很好的收益,但成本也很高,所以在使用时要慎重。

采用股权激励是因为老板知道,自己作为老板对企业是有多卖力,别人不卖力,是因为别人是打工的,为了让别人(特别是重要的骨干力量)也和自己一样卖力,就想着让对方入伙,认为只要大家都是老板,大家就会一起卖力了。

下面有一个场景,大家可以想象一下。

假设你是一家企业的股东,有10%的股份。你现在出差,可以住100

元的酒店，也可以住1000元的酒店，当然，大家都知道，100元的酒店和1000元的酒店条件会差很多。你会怎么选？按照你拥有的公司股份，住100元的酒店，你个人出10元；住1000元的酒店，你个人出100元。也就是说，你个人只要多花90元，就可以让你住的酒店从100元的升级到1000元的。

我估计大家都会选1000元的吧，甚至有企业50%的股份的人都会选择贵的酒店，因为有别人给他分担了一半的钱。从这个角度看，想用股权激励替代管理，基本上是行不通的。管理学之父泰勒，在《科学管理原理》一书中说过："公司通过出售股票给员工或者年底通过分红等形式来激励工人努力工作，这是股份制或分红制，但是收效甚微，根本原因之一就是不能给予及时奖励。"大部分人之所以选择做员工，并不是因为他们没有资本，最重要的原因，是不能忍受收益期太长，想获得眼前的即时收益。

出差亦是如此。其他的工作，比如采购、不在自己职权范围内的不合理现象等，这些都很难通过股权激励来解决。

但是，引进外部的纯财务投资者和采用股权激励就是两码事了。因为外部的纯财务投资者不参与企业的管理，这时，反而是这些纯财务投资者要注意公司的管理层是否会掏空公司，我就见过一家上市公司的董事长在外面买东西拿回扣的。道理很简单，公司上市后，他的股份就只有30%了，他在外面吃100万的回扣，个人就可以赚70万元。既然采用传统的股权激励方式很难解决公司管理问题，我们应该怎么办呢？我们可以采用一种新的股权投资方式。

如果谁想投资公司，我们可以不让他投资公司的整体，而是投资公司的局部。比如，可以让他投资公司的运输部门，有关运输的环节全部由他投资，他有100%的责、权、利，公司和他投资的运输部门是合作关系。还可以让人投资食堂、厂房和设备等。这样一来，他投资的地盘他做主，并且是100%做主，而公司的其他地方和他没有关系。这种新的投资方式既利用了社会资金，又解决了管理问题。

什么是好合约

什么是好合约？什么是坏合约？我只有一个判断标准：是否事与愿违。

这句话怎么理解呢？

也就是说，你订了一个合约，你就要明确你想达到什么目的，结果能不能达到。达得到，就是好合约；达不到，就是坏合约。

比如，有一次下暴雨，公司的产品被水淹了，我为了让员工尽快把产品抢救出来，就紧急宣布，所有参与抢救的员工，工资都按平时的两倍发放，这就是一个新合约。这个新合约是好是坏呢？要看它是否事与愿违。我的目的很明确：就是要让被水浸的产品早点被抢救出来，减少损失。结果怎样呢？员工抢救产品的速度比平时正常干活的速度更慢！为什么？因为站在员工的角度来看，双倍工资的机会不常有，如果很快就把东西搬完了，就没机会挣双倍工资了。如果正常4个小时能搬完，我给双倍工资的目的是希望员工能在2个小时内搬完，但员工如果真的用2个小时干了正常需要4个小时的活，等于收入一点儿都没增加，还把自己累得要命。对员工来说，最好的做法是：越慢搬完越好。说不定搬了一天没搬完，老板还能继续加钱呢。当发现了这个问题后，我立刻改变了合约：计件搬，并且单位时间内搬得越多，单价越高。合约一变，员工的行为马上就变了，本来说没力气的人，立刻变得生龙活虎了。

事与愿违的合约比比皆是。

在企业内部，老板与所有员工之间，不管签没签合同，都是有合约的。企业为员工花的每一分钱都是有合约的，企业为员工提供的所有工具、材料、物品，与员工之间都是有合约的。比如，你公司的文员用的笔坏了，你是让她自己买，还是让她向上级申领，或是让她直接去找上级拿？此外，她用的电脑呢？她用的电呢？她的通勤费呢？企业对所有这些事项的规定，都是与员工之间的合约。

比如，一家企业的产品质量总是不尽如人意，老板很头疼。于是，老板来问我怎么办。我问他："企业与员工在质量问题上是怎么约定的？"老板告诉我："如果员工做坏了一件产品，就要员工自己承担这件产品的加工费0.3元，其他就没有了。"我接着问："如果这件产品是你做的，做坏了，实际的损失是多少？"老板回答："30元。"接着我告诉老板，我知道问题出在哪儿了。我可以在一个月以内，让他的次品率从目前的10%以上降到1%以下。

怎么做到呢？很简单，就是规定如果员工做坏了一件产品，就按实际的损失金额30元来扣员工的工资就可以了。结果立竿见影，在一周内，次品率就降到了1%以下。至于为什么做一件次品的惩罚从扣0.3元提高到扣30元，员工还很乐意接受，企业也不用多花钱，后面我再详细介绍。

这些都是合约的变化带来的变化。员工还是那群员工，管理人员也没有做任何思想工作，当合约改变后，大家的行为方式立刻就发生了质的变化。

合上书，结合上述例子想想你公司的合约吧，看看有哪些是事与愿违的，有哪些问题是管了多年也解决不了的，这些都与合约有关。

第二章　如何让个体效率最大化

招聘之前先辞退

以前，看到我党在延安提出精兵简政的政策，我很不理解，当时我党的力量还很薄弱，这个时候应该是大力发展、扩张的时候，为什么反而精简呢？实际上，当时的精兵简政起到了很好的作用，为以后的大发展打下了坚实的基础。

同样地，一家企业要发展，确实需要增加人手，但这并不代表企业就不需要减少人手了。一增一减，看似矛盾，实则统一。

作为企业，增要增什么人，减又是减什么人？增是增加可以为企业带来正向收益的人；减是减掉给企业带来负收益的人，也就是让企业亏本的人。

所以我提出，企业在招聘新员工之前，要先在内部进行一番梳理，核算一下每个员工的成本与收益。

管，就错了！

企业要弄清楚怎么算，知道每个员工的成本、收益是多少，哪个员工的高，哪个员工的低，哪个员工是亏本的。亏本的原因是安排有问题，还是人有问题？如果是安排有问题，就重新安排；如果是人的问题，就要换人。我们要理解所谓的人有问题，不是说这个人的人品有什么问题，大概率是说目前企业里没有适合他的岗位。

一家企业能够提供的岗位毕竟是有限的，很多有才华的人找不到适合自己的岗位也是很正常的。如果一名员工在企业内没有找到合适的岗位，就要鼓励他到其他地方寻找适合自己的工作。这样做，既是对企业负责，也是对员工负责。没有不行的员工，只有不适合的岗位，要让目前处在不适合岗位的员工，尽早寻找到适合自己的岗位，把该岗位留给最适合的员工。始终保持公司内人员的动态平衡，是管理者的天职。

员工在某个岗位上的收益情况怎么算？一般不采用财务上的盈利亏损方式，而是采用经济学上的机会成本的计算方式来计算。

某个岗位目前用的这名员工，他的收益情况怎样，主要看如果把他换成市场上认为更合适这个岗位的其他人，收益是多少。如果没有其他更合适这个岗位的人，或者这个岗位换了其他人，企业的收益变少了，就说明该员工是合适的；如果这个岗位换了其他人，企业的收益变多了，就说明该员工是不合适的。

并不是因为要算这个账,就要每天把员工换来换去,不断地测试,而是要有这种算账的思维。有了这种思维,完全可以在不换人的情况下进行评估。

什么样的员工会让企业亏本呢?比如,有些虽然工作速度很快,但工作质量有问题的员工,他每天工作造成的质量损失比他自己的收入还多,这类员工往往就是让企业亏本的员工。而这类问题的出现,可能不是员工自身的问题,而是企业制度的问题。

比如,企业规定员工做某种产品的工价是0.1元一件,该产品的价值是10元一件。如果企业规定,员工做坏一件产品只是没有工钱,即员工损失0.1元,而不是被扣10元,那么,如果一个员工一天做坏20件产品,他只损失2元,而企业就会损失200元。雇用这样的员工就比雇用其他不造成损失的员工多了200元的成本。多付出200元的成本后,再用这名员工还比用其他人划算吗?员工不注意产品质量归根结底在于我们的规定有问题,如果员工造成的质量损失要按产品的实际价值来扣钱,员工就会比老板更注重质量。

如果员工已经比老板更注重质量了,却依然每天造成比别人多且大于自己的收入的损失,那只能说明该员工不适合这个岗位。还有一类员工会造成企业亏本,那就是在工作中的配合度很低的员工。比如,在100个员工中有5个员工,经常不配合其他人的工作,而这项工作又特别需要大家的配合。沟通协调这5个人配合工作，占了主管超过一半的时间，这时这5个员工的成本，就不仅仅是目前给他们开的工资了，还要加上为了与他们沟通协调多付出的管理成本，加上去之后，你再算算雇用这5个人的成本和收益分别是多少，企业是不是亏的，他们和其他更合适的人相比是怎样的。同样地，这几个配合度低的员工，也不是什么"坏人"，只是需要高配合度员工的岗位不适合他们而已。公司内若有其他更合适他们的岗位，可以考虑给他们调岗。如果没有，就调剂到社会上。

如果不能用上述视角去看问题，不管是招聘员工还是辞退员工，都只会是盲目的，对招来的新人也无法判断其优劣，对其以后的安排也不是高效的。招聘之前先辞退，就是为了先进行正确的价值判断，让该换岗的人换岗，让该离开的人离开，让该进来的人进来。对于一家企业来说，把合适的人放在合适的岗位上，就是对社会最好的负责。

不适合做门卫的，可能是个好总经理，你说呢？

优秀员工要离职怎么办

优秀员工要离职，应当如何处理？很多行业的优秀员工离职后基本上都自己创业去了，然后开始挖原公司的客户。遇到这种情况，我们该怎么办？

首先，要弄清楚优秀员工离职的真实原因，他们离职的原因大概有以下几个：

（1）对待遇不满意。如果他觉得他的贡献应该有更好的待遇，他确实会考虑离职的。

（2）这份工作不符合他的期待，想改行做其他的。

（3）他想自己做老板，觉得自己已经成熟了，可以独立了，可以单干了，能够承担得起风险了，也可以有更大的收益了。

管，就错了！

（4）被各种复杂的人际关系、被老板和上司的坏脾气搞烦了，觉得委屈，难以忍受。

（5）觉得自己没有被公平对待，看到不如自己的人的待遇比自己好，不服气。

（6）纯粹个人原因。受身体、家庭、恋爱等变化的影响，没办法继续现在的工作。

（7）中了竞争对手的计。有的人为了打击竞争对手，会专门给出高薪挖竞争对手的核心骨干人才，比如对手的核心骨干人才原来的工资是2万元，他就出4万元。很多人自然是无法抵抗高薪聘请的诱惑的。

针对（7）我想补充说明一下，如果作为员工的你正在面临这个问题，一般会有两种结果：一是你真的辞职过去了，一般他们会让你先干几个月，如果确实可以，就留下，如果不行，就会找各种理由辞退你。二是你选择不辞职，但其实你的心已经被搞乱了。为什么？因为你以前可能对2万元很满意，但那是和原来的1万元、1.5万元比，现在已经有企业给你4万元的高薪你都没走，可老板还是像以前一样要求你，你就肯定会不爽了。基本上被这样的高薪诱惑过，就很难再和老板合作共事下去了，短则一个月，长不过半年，就会和老板闹掰。

针对以上情况，我给出的解决方案如下。

1. 针对员工对待遇不满意的情况

如果员工觉得他的贡献应该有更好的待遇，他确实会考虑离职。如果老板经过评估，发现确实是待遇给低了，并且在给待遇的时候，没有根据每个人的实际情况来给，没有区别对待每个人，没有按每个人的真实贡献给到他应有的待遇，那就要及时调整。把员工调整到和他的能力相匹配的岗位上，如果他能创造出比别人多10倍的成果，他就可以得到比别人多10倍的收益，绝不能让贡献大的人吃亏。

2. 针对这份工作不符合员工的期待，员工想改行做其他工作的情况

要长期坚持告诉全体员工我们的工作价值、社会意义，要让员工有工作自豪感，避免出现当年乔布斯挖百事可乐的总裁时，仅用一句话——"你是打算卖一辈子糖水，还是要和我一起改变世界？"就把对方打动了的情况。其实，每个行业、每种职业都有它存在的价值。但现在就是会有人觉得卖袜子的不如卖领带的，做快餐的不如做大餐的。这就需要由老板去宣传了。但是，如果对方确实已经想好了，那就祝福他，和平、友好地分手。可能过一段时间他又回来了；也可能他找到了自己的用武之地，蛟龙入海，大展宏图，那就和他保持良好的关系，说不定以后还会有合作的

机会，甚至还可以让他成为我们的忠实用户和优秀的宣传员。试想，如果你公司的优秀员工都不认为你的产品好，你想通过一句广告语就让别人相信你，可能吗？

3. 针对员工想自己做老板的情况

如果用合约式管理，这类人是最适合企业的。合约式管理要求的合作对象最好都是愿意承担风险、希望有更大收益的人，而不是那些想躺平、想旱涝保收的人。既然他有了这个想法，那就好好与他谈谈如何合作，并且要抓住机会谈深度合作，千万不要丢掉这样的机会。当然也不是说一定就能合作成，但哪怕现在合作不成，下次都可能有机会。

4. 针对员工觉得受了委屈、难以忍受的情况

如果出现这种情况，确实就要好好反思企业的文化了，企业内是不是能做到每个人的责、权、利都清清楚楚，都按合约办事，不胡来。我相信，如果采用了合约式管理，基本不会出现这些问题。

5. 针对员工觉得自己没有被公平对待而不服气的情况

最好是用合约式管理中的具体到个人的方法，这可以让每个人的贡献都清清楚楚，并且在企业内部引入市场化竞争机制，做到公平、公开、公

正，谁做得好就让谁获得更好的待遇，企业里的任何一个员工都要面对竞争和挑战。

6. 针对员工因个人身体、家庭等原因无法继续工作的情况

如果情况属实，就要看看企业有没有合适的岗位给这类员工作调整；如果无法调整，就友好分手。

7. 针对竞争对手专门高薪挖公司核心骨干人才的情况

一方面，可以让员工去竞争对手的公司工作试试，约定好如果觉得不合适还可以再回来；另一方面，在进行组织安排时，要注意岗位分工，最好让一个人只负责某一方面的事务。这既有利于员工的成长进步，也有利于替补人员的培养。这些方法的运用，在合约式管理方法里都有详细的讲解。我相信，用了合约式管理方法的企业，这类问题会显著减少，即使出现问题，企业也能应对自如。

用这种方法识人，能看透任何人

人的思考逻辑有两种：一种是归纳总结，一种是演绎推理。如果我们用这两种不同的方法看人，结果的区别就会很大。

用归纳总结法看人，一辈子都是糊涂蛋；用演绎推理法看人，人人都是透明的。

用归纳总结法看人，举例如下。今天，你遇到了一个人，你被他骗了，如果这个人是东北人，你可能会说，东北人是骗子。如果明天你又遇到了一个东北人，你又被他骗了，你可能会说，东北人都是骗子。注意，这时你加了一个"都"字。这意味着你已经开始总结了，这里你使用的就是归纳总结法。因为你遇到的两个东北人都骗了你，东北人骗你的概率是100%，所以，你得出了"东北人都是骗子"的结论。如果后天你遇到麻烦，这时恰好有一个东北人想要帮助你，这个人是个活雷锋，但你可能不敢接受他的帮助。如果你不得已接受了他的帮助，结果他真的帮了你，这时你的认知就混乱了，搞不清东北人到底是好人还是坏人了。

这样的例子有很多。比如，因为一些事是"90后"做的，我们就说"90后"怎么怎么样；因为一些事是女人做的，我们就说女人怎么怎么样；因为一些事是老人做的，我们就说老人怎么怎么样；因为一些事是医生做的，我们就说医生怎么怎么样。

如果一直用这种思维逻辑去想别人，你一辈子也搞不清人到底是怎么回事，或者以为自己搞清楚了，其实也是错得一塌糊涂的。这就是归纳总结法，用这样的方法看人，你一辈子都是糊涂蛋。

还有另一种看人的方法，就是演绎推理法。

演绎推理法是指通过一个大前提，然后再通过一个小前提，最后得出结论的思维方式。如果大前提没错，小前提也没错，结论就不会错。

那么，在分析人的问题上，也就是在关于人性的讨论上，有没有类似的大前提呢？我认为是有的，那就是"每个人都在有限条件下，争取自己利益的最大化"。这就是毋庸置疑的大前提。有了这个大前提，当我们知道某某是人的时候，我们就可以得出结论，某某也会在有限条件下争取自己利益的最大化。当用这个方法去看人的时候，你就会发现，人人都是透明的。

管，就错了！

我不管你是东北人还是西北人，是男人还是女人，是老人还是孩子，是中国人还是外国人；我也不管你是小偷还是慈善家；我更不管你是老板还是打工者。迄今为止，我还没有遇到过不符合这个大前提的人。之所以每个人的行为看起来是那么的不同，不是因为别的，而是因为每个人的有限条件不同。

一个人去赌六合彩，另一个人坚决不赌，不是因为这两个人的人性有什么区别。而是因为，赌的人认为自己能赢；不赌的人认为自己赢不了，或者认为即便能赢，也会得不偿失。认为自己能赢的人，不管是出于什么原因——或是他相信了某个小道消息，或是他相信自己的运气，这都不重要，重要的是，相信自己能赢的人参与了赌博，就是选择让自己的利益最大化。

相不相信自己能赢，就是他们面对的有限条件。我知道了他们相不相信，我就能知道他们会不会参与赌博。

一个人去偷盗，也是因为他相信他的偷盗技术，或者是因为他相信自己是有运气的。

一个人做慈善，也是因为他相信做慈善可以给自己带来比付出更大的回报。这种回报既可能是物质上的，也可能是精神上的。总之，他觉得这么做是值得的。

有人说，有钱难买健康；有人说，有钱难买心安；有人说，有钱难买感情。一个人更相信哪一个说法，就更愿意在哪里多花钱，这都是我们的有限条件。人最大的有限条件是认知，所以，了解一个人，主要是了解他的认知水平。

人性，哪有那么复杂，只不过是在有限条件下争取自己利益的最大化而已。

如何引导新员工入职

从引导新员工入职到开展新员工培训等环节都有相应的方法和技巧，接下来，我将从新员工入职流程、新员工培训技巧、管理者如何带教新员工三个方面谈谈我的观点。直接上干货。

一、新员工入职流程

（1）在招聘面试当天，对于所有前来应聘的人，都要送一份带有公司标识的礼物。礼物的价值不用太高，价值过高会吸引为了礼物专门来应聘的人。准备礼物的目的是既可以为企业做宣传，又可以给前来应聘的人留下一个好印象。俗话说，买卖不成仁义在。这次不成，说不定下次就成了。此外，还要专门给前来应聘的人写一封表示感谢的信，感谢对方的信任和付出。

（2）对于可以入职的人，第一天要花一个上午，带其参观厂区，向其介绍企业情况，要重点介绍企业的文化（公司鼓励什么、反对什么），这些要提前整理好，由专人进行系统的介绍。此外，还要把有关吃饭、住宿、上下班时间、洗手间使用等的规章制度都告知新员工。

（3）第一天下午，把新员工带到其直属领导面前，由直属领导向新员工宣读"新员工告知书"。明确上下级关系，切忌越级管理。

（4）由直属领导安排新员工领取必要的工具、服装、物料，介绍岗位职责。

（5）由直属领导安排新员工培训。

（6）多关注、关心新员工，及时帮新员工排忧解难。

二、新员工培训技巧

我们新招聘的员工，工作熟练程度不及老员工，怎么处理比较好？

如果按照实际的计件制给新员工发工资，那么新员工的收入肯定是比较低的。对新员工的培养要循序渐进，具体方法如下。

（1）新员工入职时，要对其进行系统的培训。

(2)将工作按技术难度进行分类,让新员工先做难度较低的工作。这样培训的时间会大大缩短,新员工能尽快上手工作。

(3)针对技术难度较高的工作,要从已经工作一段时间的员工里选择合适的人,对新员工进行二次培训,再让新员工上岗。这样就能避免在新员工还没稳定下来的情况下,花了很多培训费,最后新员工又觉得工作不合适而离职的情况发生。

(4)针对更难的工作,就要从更稳定的老员工里选择合适的人,再安排其对新员工进行培训,完成培训后才能让新员工上岗。

(5)要按计件的方式给负责培训的人付费,要讲清楚培训合格一个人他能得到多少钱,明确培训合格一个人要付出的其他的相关费用是多少。

(6)有些岗位的工作难度不大,但做这项工作的人熟练与否,造成的结果的差别很大。为了增加新员工的积极性和信心,可以规定新员工在一定时间内享受倍数计件价格。比如,老员工做一件1元,新员工在3天(或5天、10天、15天)内,做一件是1.2元(或1.5元、2元)。但要对其进行严格管理。一是严格管理质量,新员工可以做慢一点,这是个逐渐熟练的过程,但必须保证质量,并且管理者要提高检查频率。如果你觉得这样还不够,上面的方法还可以再细化。比如,第1天至第3天给双倍的计件价格，第4天至第6天给1.5倍的计件价格，第7天至第9天给1.2倍的计件价格，到第10天恢复正常的计件价格。二是严格管理流程，不能把别人干的活记到新员工的头上。要先跟新员工说清楚，并且进行严格监督，还要落实配套的惩罚措施。这些额外的支出，都算培训费用。

（7）管理人员要在新员工身上多花点时间，多关心、多鼓励、多指导、多检查，有问题或出现错误时要早纠正。

（8）新员工因为熟练程度不如老员工，收入偏低，这也是正常现象，就像大厨的学徒的收入肯定没有大厨高一样。新员工对此也是能理解的，他们也会将老员工的收入作为目标去努力。

三、管理者如何带教新员工

（1）自己先做一遍，边做边仔细讲解，包括讲明这样做的深层原因。

（2）把一项工作分解成一个一个简单的步骤。

（3）从第一个步骤开始仔细地教，让新员工把第一个步骤完全掌握。

（4）多次练习巩固第一个步骤，然后再教第二个步骤。

（5）让新员工反复练习直到掌握。

（6）让新员工把第一步和第二步连在一起做。

（7）教学期间，不停地鼓励新员工。

（8）依此类推，一步一步向前教，直到新员工完全掌握。

（9）让新员工自己亲手做一批产品，练习巩固。

（10）如果新员工做的产品里有不合格的，要及时纠正；让新员工多加练习，直到他可以连续做出一批完全合格的产品。

（11）让新员工以自己做的完全合格的产品为样品继续做。

（12）完全让新员工自己做，每隔5分钟检查一次新员工做产品的情况。以后每次检查的间隔时间可以延长一倍，依次变为10分钟、20分钟、40分钟……直到变为正常的检查间隔，比如一天一次或一天两次。

（13）有问题要早发现早解决。

（14）前期不考虑速度，只考虑质量。速度是熟能生巧后才需要考虑的事，符合质量标准的速度才有意义。

不合适的员工的处理方法

有的员工"大事干不了,小事不愿干",应该怎么办?

这个问题乍一看根本不是问题。

"大事干不了,小事不愿干"的员工不立即辞退,难道留着发年终奖吗?在实际的管理工作中,还真不能有这种想法。那么,应该如何解决这样的问题呢?

一、要考虑员工干不了、不愿干是能力问题还是态度问题

如果是能力问题,就要弄清楚,是因为我们安排的工作不合适,还是因为我们没有对其进行应有的培训;如果是态度问题,也要问清楚,是否对我们给的待遇不满。

就像小兔子用胡萝卜钓鱼一样，老板把自己认为好的东西给员工，员工却根本不领情。这样的老板有很多，整天要员工不要总是看眼前利益，给员工画了许多"大饼"，结果激励效果很差。对许多员工来说，今天能拿到100元，比老板许诺的明年给1000元更实际，也更有鼓励效果。

二、要考虑是不是把这位员工放在了一个不适合的位置上

在我眼里，从来就没有不行的员工，只有不适合的员工。当然，也可能整个公司都没有适合他的岗位，那就不要影响他的发展，让他去寻找适合自己的舞台；如果公司内有适合他的岗位，就给他调整岗位。

三、所谓大事、小事，所谓干不好、干不了，也要有一个更客观的评判标准

所谓更客观的评判标准，可以用对该员工的投资回报率来计算。要计算出在该名员工身上的投资成本是多少，回报是多少。说不定，该员工虽然干得不好，但他的投资回报率还是很高的呢。为什么？这可能是因他的成本很低。许多企业都会算人均产值，人均产值是越高越好吗？不一定。为什么？比如，有一家投资企业，人均产值是1亿元，企业里都是高精尖的投资精英。现在要给一位投资经理配一名秘书，秘书的工资是每月1万元，秘书可以帮助投资经理处理一些日常杂事，让投资经理集中精力做投资，把人均产值做到1.5亿元，但这时，他们两个人的人均产值降到了

7500万元。这种情况下，应不应该请秘书呢？肯定应该请，因为这样做明显是赚钱的。

四、即使员工真的不合适，需要和他说再见，也要礼貌地、尊重地说再见

要让离职的员工都能继续说老东家的好。说不定，离职的员工还可以为企业做出更大的贡献，成为企业产品的忠实用户、企业品牌的忠实宣传员，以及公司形象的最佳代言人。何乐而不为呢？做人做事，要让自己的朋友多多的、敌人少少的。

凡事向内求，瞬间天地宽。

哪有不行的员工，有问题的往往是老板。

第二章　如何让个体效率最大化

市价的约束

市场在哪里？如何确定市场价格？

一个岗位，不管现在有多少人在干，如果其他人想干但不被允许，这个岗位就是被垄断了，就没有市场化；一个岗位，哪怕现在只有一个人干，只要别人想干，且是被允许的，这个岗位就是市场化的。

可以自由买卖就是有市场。

市场的价格不是由哪一方的哪一个人决定的，而是由买卖双方的所有人决定的。即每个人都是潜在的买方或卖方，潜在的买方或卖方能不能变成真正的买方或卖方，主要看价格。每个员工的岗位，都有无数的潜在竞争者。这些潜在竞争者之所以潜伏不动，就是因为价格。

所谓不可替代的员工，其实是指在目前的价格和信息条件下暂时不可

管，就错了！

替代的员工。

你把你现在认为的不可替代的员工的工资加10倍，你还会认为他不可替代吗？

老板骂员工，员工还不走，就是老板的价格出高了；员工虐老板，老板还忍着，就是老板的价格出低了。忍耐都是因为钱。

如何确定市场价格？最主要的就是根据员工的工作岗位来定价。如果给的价格不合适，就比较难留住人。现在的员工不想干了，基本是因为工资低了，把钱加上去就行了。

如果既想省钱又想员工把工作做好，就要好好学合约式管理。

企业内部也可以竞争岗位，如果某个岗位只需要5个人，却有10个人，甚至20个人都想来干，那就可能是价格高了。

这和确定其他商品的市场价格的方法没什么区别，主要看买卖双方的竞争关系。争着买的人多，就是便宜了；争着卖的人多，就是贵了。

我认为，老板作为劳动力市场的买方，还是要把钱出得高一点，把选择权掌握在自己手里。钱出高点，还有利于选择更好的劳动力。

这就像购买名牌产品一样，买的时候觉得贵，但用的时候也是真的香啊。对于不理解名牌产品为什么贵的人，我建议你还是别当老板了，因为你真的很难把账算清楚，很容易会因为贪小便宜而吃大亏。在用人上，如果总是贪小便宜，用了很多不合适的人，那么企业肯定是经不起你这么折腾的。

提拔标准

很多老板在什么人提拔任用的问题上，会参考多种标准。其实，只需要一个标准就可以了，那就是担责。

试想一下，如果你把一个项目交给一个人，最大的损失是100万元。而这个人说，如果是因为他的问题而造成了损失，他愿意拿出100万元来赔偿（并且这个人有能力拿出100万元），那你还有什么理由不把这个项目交给他呢？ 至于我们平时参考的那些提拔标准，都是在找不到人愿意担责以后的被动选择。

我们愿意先把项目安排给自己熟悉的人或亲朋好友，背后的底层逻辑是：万一陌生人有问题跑路了，我找都找不到（他人无法担责）。我们选择自己觉得人品好的人，是因为我们相信这样的人更愿意担责。所以，我们会把守信作为很重要的品德。我们会选择多次合作过的人深入合作，是因为我们相信，他还会像以往那样愿意承担责任。

我们看透了提拔人的本质，就不会被乱花迷眼，就会围绕着"担责"这个核心来思考。在日常工作中，要用这个标准去看人、选人。对于连小事都不愿意担责的人，就不要指望他在大事上担责了。在用合约替代管理的企业，所谓提拔，就是双方开展更有深度、更大金额、更大范围的合作。当大家都养成了担责的习惯后，也就是当企业建立了担责的文化后，以后的合作必然会很轻松，可以大大降低沟通成本。

利润怎么分配

很多老板很认可股份激励这种方式,认为如果给了员工股份,或者就某个项目与员工分成,甚至将收益和员工对半分,员工的工作积极性就肯定大大提高了。

事实真是这样吗?让我们来分析一下下面的案例。

假设我有一块土地,想找别人替我耕种,有两种分配方式:

(1)收获的粮食一人一半。

(2)每亩地的收成我拿固定的数量,比如500斤(每年确定一次或几年确定一次我要拿的斤数),其余的都是耕种者的。

这两种分配方式是有区别的。

第二章　如何让个体效率最大化

采用第一种分配方式，在粮食收获前，我就要监督看守，以防对方在收获前偷偷自己收了。在企业里也是一样，如果采取分成的方式，具体管事的一方就有动机虚报成本、截留利润。如果其提前截留100元，他就可以多赚50元。为此，另一方就要加强监管，而监管的难度很大，且成本非常高，且一定不能忽视。

采用第二种分配方式，就可以不用监管，这是目前企业采用得最多的一种方式。我们企业现在租的地都是这样来的。租地给我们的农民，根本不用怎么监督〔他只需简单监督一下，防止有人把土挖走，拿去卖了（因为这样做比较容易）〕。租工厂对我们的工厂主，也是只需要简单监督一下，防止有人把机器拉走，拿去卖了（这样做也是比较容易的），然后到时间来收租金就行了。当然，采用第二种方式的前提是要有一定的稳定性，比如一次性租10年。前提还要有市场竞争，你出价低，我就不租给你，租给出价高的；同样，你要价高，我就不租你的，而是去租便宜的。在这两种博弈下，我们租的地，有一年一亩800元的，也有一年一亩80万元的。

你没看错，就是差这么多，并且都是基于市场的合理选择。

有人担心，采用第二种分配方式，自己的收益会变少了，当然有这种可能。解决办法是：让对方的收益，被尽可能多的相关人员知道。如果对方的收益很高，就要允许别人来竞争，价高者得。

管，就错了！

广州芳村的花卉市场就是采用这种分配方式。当地村民不断地通过竞标的方式抬高地租价格，到现在把地租抬到80万元一亩了。关键是他们每年都会淘汰一批不会挣钱的人，你嫌地租贵、你挣不到钱就出局，留下不嫌地租贵且能挣钱的人。

我算了一下，在广州芳村的花卉市场，每日辛苦操劳的十几万外地人，赚的钱基本和打工的差不多，就是比打工自由一点。相比之下，当地村民没有费任何力气，但因为他们掌握了稀缺资源——关键位置的土地，就可以坐享其成。

各位老板，你考虑过没有，你能掌握的稀缺资源是什么？

当然是品牌了。做出了品牌，就可以调动上下游资源，就会有人帮你生产产品、有人帮你销售产品。

通过上面对两种分配方式的分析，我们知道，不同的合约设计面临着不同的局面，这背后有许多账可以算。但是，上面只是简单地提出了两种合约模式，其实还有很多种模式可以选择。

有一种合约模式是，直接出钱给别人，让别人来种，种什么、怎么种都由你说了算，干多干少都给一样的钱。这样的模式，要用极高的成本来监督劳动者的工作。就算监督得很严，劳动者看起来已经很努力了，但实际上他在工作时不动脑子，你又有什么办法呢？还有一种合约模式是，在上一种方法的基础上加上考核——比如用KPI考核，干得好的给予奖励，干得不好的给予惩罚。但这样的方式，就需要再增加人手去监督原来监督工人的人，考核的成本就会很高。

此外，我们还可以采用精神激励法。好好宣传干这项工作的意义，让每个工作的人每天都处在一种感动中，这样他们就根本不会考虑收益有多少、辛苦付出了多少。在他们眼里，这都不是问题。同时，领导者也要以身作则，和员工共同奋斗，不然，员工会胡思乱想的。

各种方式都有利有弊，具体采取什么方式，要看企业处在什么阶段、规模多大。当然，最重要的是，要做成本收益对比，凡事必有代价，要懂得两害相权取其轻。在算成本时，要把直接成本、间接成本都算进去；在算收益时，也要把直接收益、间接收益都算进去。

合约设计变化多端，妙不可言，但失之毫厘，差之千里。这背后全都是经济学、人性的原理，但又有其基本规律，若掌握好了，就可以运用自如。

做出了品牌，再善用合约式管理，才能把企业经营好。

设置优秀建议奖

为了从制度层面保证企业全体员工都能积极发挥自己的智慧,建议在企业内设立优秀建议奖制度,具体做法如下:

一、可以作为优秀建议奖的建议内容

1.该建议可以提高生产效率

如果员工提的建议不影响质量,没有安全隐患,不需要大的投入或者需要投入但经过计算投入产出比较高,那么这类建议就是非常好的建议。如果该建议的内容是关于企业主营业务的,哪怕效率的提升只有1%,也要给予这类建议较高的奖励,并评估衡量其带来的长期收益。

2.该建议可以提升产品质量或服务质量

无论是能提升产品质量还是服务质量，只要是经过成本核算可以带来正收益的建议，就要给予足够重视，同时给予较高的奖励。

3.该建议可以提高生产的安全性

这类建议往往在短期内看不出收益，但从长期来看，它可以帮助企业规避安全风险。这类建议很可能把企业某种操作的风险从1%降低到了1‰，对此也要给予重视，根据价值大小设置不同的奖励。

4.该建议可以让员工的工作更舒适

这类建议可以让员工的工作变得更舒适，比如原来员工是站着工作的，在不影响工作的情况下，可以改为坐着工作；原来环境脏乱差的，在计算过投入产出比之后，可以把环境变得清洁美观；原来有噪声的，可以降低噪声；等等。这类建议看起来只是改善了员工的工作条件，并没有给企业带来直接收益，事实上，这类建议的价值很高。因为当员工的工作条件改善后，企业有两个方面的收益，一是可以用更低的工资用更好的人，二是付出同样的工资可以用更优秀、更配合管理的人。

二、设置不同的评选级别

对于员工提的建议，可按级别给予不同管理层级不同的奖励权限。比如，对于班组，可以设置金额在50元以下的三等奖，每月给班组长500元作为奖金，这笔奖金可以由班组长自行安排。当员工被公开授予三等奖时，奖金可以设置在5元到50元之间，同时，奖励内容要进一步上报给上级，由上级再次评估奖励是否值得升级。如果员工提的建议经过上级评估，被认为是有价值的，就可以把三等奖改为二等奖，增加奖励，并再向上一级上报该建议；如上级主管评估后，觉得该奖励不需要升级，就维持原三等奖不变。注意，上级主管无权撤销原三等奖奖励方案。

三、及时兑现奖励

为了让奖励的效果更好，奖励要及时兑现。一般要在员工提出好的建议的当天或者次日，以现金的形式兑现奖励。

四、公开表扬

奖励的发放要采取公开的方式。很多时候，我们给员工的奖金额度可能只有5元、10元、20元，金额并不大，但通过有仪式感的公开发放，可以大大提升获奖员工的荣誉感，让员工意识到自己在企业内提出的建议得到了重视。特别是基层员工，当他意识到他的建议被重视之后，他就会更愿意发挥自己的智慧，而不是只埋头干活。

五、各级要有定额任务

为了促进优秀建议奖的落实，要对各级的建议数量有定额要求。如没有完成。就对主管进行处罚，让主管有一定的压力，这样一来，主管就会经常征询下属员工的想法，并对各种类型的想法都能够包容。

六、小奖多发

管理大师德鲁克说过："真正管理得好的企业，外部看起来是风平浪静的，每人各司其职。"同样地，在我们的企业中，并不总是有各种惊天动地的大事，大多是一些鸡毛蒜皮的小事。但是，这些小事如果没有人提出来，就可能会被忽视，给企业带来损失。当全员都参与监督，每一双眼睛都在观察，看还有什么地方需要改进的时候，企业的工作就可以做得趋近完美。建议内容甚至可以是关于招牌上的一个灰点、路边的一棵杂草、墙角的一个水坑，对这些方面的建议不要无视，可以给予5元、10元的奖励。哪怕这类建议带来的收益连5元都不到也不要紧，因为这种奖励会极大地激发员工的潜力，让员工养成动脑筋的习惯。这种潜在的价值是要好好地核算的。

七、由专人汇总，配合跟进建议的落实推广

很多类型的建议，只是员工的一个初步的想法，但如果不能够去试验，就很难评估这个建议合理不合理，而这类试验往往又需要一定的投入，为此，企业可以设置专项资金去落实员工的想法。比如，有员工提出需要造一个什么样的工具，企业可以安排专人配合，甚至反复改进。就算最终的结果不尽如人意也不要紧，也可以奖励，后续还可以进一步完善。

八、对企业内有需要解决的问题的项目，可以进行悬赏

有些事情，企业知道有问题，但是苦于没有找到解决方法，为此，企业可以把这些有问题的事情公示出来，进行悬赏。明确解决问题的悬赏金额，谁有好办法解决这个问题，谁就可以获得相应的悬赏金。比如，对于一个安全隐患问题，可以设置悬赏5000元，谁能有很好的办法解决这个问题，就奖励5000元。如果解决问题的效果超过预期，还可以进一步加大奖励力度。

九、员工的建议，如果有可以申请专利的，要安排专人及时申请

对于这一点，要和员工明确，已得到过奖励的建议，其涉及的知识产权是归属于企业的。为了进一步鼓励员工，除了给予员工现金奖励外，还

可以用员工的名字命名他的建议，如张三工作法、李四工作规范等。

十、偶尔发大奖

对于某些对企业产生重大影响的建议，可以给员工超出预期的大奖；甚至当我们需要某种建议，而恰好有员工即刻给出好的建议的时候，就可以即刻对员工进行奖励。让每一个员工都不清楚自己的某种建议会得到什么样的奖励。这样一来，员工想到各类建议就会积极上报，主管更不会弃置在他看来匪夷所思的建议。对于企业来说，这就不容易错过特别好的、可以出奇制胜的建议。可以把大奖的奖金设置为1万～10万元，并且要搞盛大的颁奖仪式。这类奖励要及时兑现，不要拖到月底或年底。

企业内实现"市场经济"

北京大学国家发展研究院的张维迎教授认为，市场经济不会鼓励人的恶，反而会让自私自利的人不断向善，因为只有这样，他们才能进一步满足自己的私欲。由此展开来说，凡是没有市场经济的地方，人在自私心理的驱动下，会做出许多伤害他人利益的行为。

对于企业老板来说，他是受市场约束的，必须做出符合别人利益的行为，自己才可能受益。

而企业内部的员工就不一定了。如果在企业内部，对员工采取计时工作的方式，让员工干多干少工资都没有什么区别，就相当于形成了一个没有市场经济的企业内部空间，会极大地损害员工的生产积极性。

市场经济的手段不仅要在全社会推行，在企业内部也要彻底落实。不把员工同老板的关系从原来的雇佣关系改变为甲乙方关系，不在企业内部建立完全的市场化关系，都可能会激发人性的恶。

德鲁克说："管理就是最大限度地激发他人的善意。"那么，为什么全世界范围内都没有企业在内部推行市场经济呢？

答：因为交易费用。

市场要良好运行，必须有交易费用。同样，如果在企业内部推行市场经济，也需要交易费用。如果市场经济对员工积极性的提升带来的成果，被交易费用消耗殆尽，那么企业的整体效率就是低的。

所以，有效地降低交易费用，是在企业内部推行市场经济的重要前提。

如果在企业内部推行市场经济，那么企业的边界在哪里？

答：企业无边界。

按照约拉姆·巴泽尔（Yoram Barzel）的定义，企业就是由同一个权益资本担保的合约网络。

把企业变成一个物理的市场交易场所，大家集中在某一时间、地点交易，上、下工序之间及时交易，才能有效地降低交易成本。

怎样让员工参与到企业内部的市场经济中来呢？既然人都是趋利避害的，那就用"利诱"的方式，让员工自愿加入市场经济中。

在企业内部推行市场经济有两个关键点：

（1）老板和员工认不认可市场经济；

（2）老板和员工理不理解交易费用。

国家实行市场经济，政府的权力就会受限。企业实行市场经济，老板的权力就会受限。

第三章
如何让整体效率最大化

管，就错了！

历史上的做法

自有国家以来，管理就是非常重要的命题。

我们先来看看奴隶社会的管理方式。在很多老板看来，奴隶社会的管理方式与自己没有什么关系。但当我们了解了奴隶社会的管理方式后，可能会发现，我们的管理水平不一定比奴隶主强。

前文提到，在奴隶社会，战争中的俘虏会成为奴隶，奴隶的智力水平和各方面的能力，并不一定比奴隶主差，那么奴隶主是怎么安排奴隶工作的呢？假如奴隶主有1000亩土地需要耕种，他有100个奴隶，就会每天把这100个奴隶赶去干活。所有奴隶都早出晚归，哪个奴隶偷懒了就可能会挨鞭子，也可能被罚不给饭吃。但奴隶不管干得多好，也没有自己的私有财产，奴隶不仅不能有自己的私有财产，甚至连奴隶自己都是奴隶主的私有财产。

在这样的制度下，奴隶的心思肯定会放在如何欺骗奴隶主、如何让自己少干活上，比如偷偷把工具搞坏，以便可以多休息一会儿。这样的事情是司空见惯的，而奴隶逃亡的情况也并不少见。

大家不要以为奴隶社会的管理方式离我们很遥远。其实，我们现代企业的许多管理方式并不比奴隶社会的管理方式强多少，甚至可以说是有些老板犯了奴隶主的病，还没有奴隶主的命。

当我们用计时方式管理我们的员工，员工干多干少都一个样，或员工干多干少基本一个样的时候，当员工所用的工具坏了（不管是锄头还是机床、汽车、电脑），员工获益反而更大的时候，你就是在提升员工的摸鱼水平，是在浪费员工最宝贵的资产——大脑。就像在奴隶制下，奴隶的大脑基本不需要用在工作上一样；在现代社会，你作为老板，最多也只能在劳动法的限制下对员工进行罚款或辞退，除此之外，别无他法。特别是现在的"90后""00后"员工，他们在相对富裕的环境下长大，别说你要处罚他们，就算不处罚，他们稍有不开心，就要"炒你鱿鱼"。

当你需要的是成果，而考核员工的标准却是时间的时候，你的管理水平就是奴隶社会的管理水平。不管你为此采取了多少种监管方式，哪怕是一直坐在旁边紧盯着，都改变不了这件事的本质。

我们再来看封建社会的管理。同样地，你有1000亩地、100个佃农。

管，就错了！

现在，你不用像原来那样天天盯着佃农干活了，你把1000亩地分成100份，每个佃农10亩，并且告诉他们："每亩地我就要200斤粮食，多余的都留给你们自己。"大家可以想象一下，如果你是佃农，你会怎么做？我相信，每个佃农都会努力耕种，因为多生产出来的都是自己的。这100个佃农不论怎么努力，最后的收益不可能是一样的。这时哪个佃农的收获多，别的佃农就会学习他的方法。这个时候，哪亩地的收获高、为什么收获高，佃农自己就会总结经验。自己用的工具，他们也会保护好，如果夜里出去干活更有利于增加收获，他们也会主动在夜里出去干活。这个时候，不需要监工监督，他们也能把最重要的资产（大脑）的作用发挥出来了。

同样地，如果我们在企业内部也全面实行这样的新式合约，我们将不再称呼我们的员工为员工、打工者，而是称其为合作伙伴或乙方；我们也不再自称老板，而是变成了甲方。我们与员工之间，将不再是老板与打工者的关系，而是甲方与乙方的关系。

其实，这类关系在社会上已经有很多了，只是在企业内部还不常见而已。比如，你向房东租一套房子来开餐厅，房东每月向你收租10万元。这个时候，房东不用管你是不是努力工作、会不会破坏生产工具，只要督促你按时交租就行，你不按时交租的话，他要么扣你的押金，要么换人。如果你是这样的房东，你觉得你一个人可以管多少家租户？如果不采取这样的合约方式呢？比如，你是以房屋入股，和别人共同开餐厅，约定餐厅的利润你和他对半分。你需要怎样监督这家餐厅的老板？如果餐厅老板贪污

1万元,他就可以少分给你5000元。再比如,房子是你出的,餐厅也是你开的,餐厅的老板是你聘请的职业经理人,你和他约定好,每个月付给他5万元工资。你该怎么管理他?他半夜去批发市场买菜的时候,你能安然入睡吗?

就是这样的封建社会中的已经落后了的合约方式,我们很多企业到现在还没有做到。我们不仅没有做到,还给自己找了很多借口,比如工作内容比较复杂,再比如员工不愿意,又比如我们这个工作不一样,有它的特殊性。其实,最根本的原因为:一是你没有意识到问题的严重性;二是你找不到具体的实操方法。

封建社会的管理方式,能较好地解决个体的工作积极性问题。然而,在鸦片战争的时候,甚至在改革开放前,我们的人均GDP不到最发达的国家的1%。如果一个人的绩效比别人低20%,甚至80%,我们可以认为可能是因为他不够努力。但当我们的人均GDP跟别人比差了100倍的时候,就不可能用对方比我们努力100倍来解释了。既然不是努力的问题,那就是因为他们采取了和我们不一样的方法,比如当我们还在用双腿走路的时候,他们已经坐上了飞机。

西方国家采取的是什么方式呢?资本主义生产方式。它的主要特点是什么?就是社会化大分工。还是以刚才的1000亩地、100个奴隶来举例子。在资本主义生产方式下,人们是这样组织生产的:让这100个人,每

管，就错了！

个人都只干耕种这1000亩地需要的各种工作中的一种。比如，一个人专门负责除草，把1000亩地的草都除完；一个人专门负责播种，把1000亩地的种子都播好；一个人专门负责施肥，给这1000亩地施肥；一个人专门负责杀虫，这1000亩地的虫害都由他来杀灭；一个人专门负责收割，把这1000亩地的庄稼收割完；等等。这样做的好处是，既可以让工作者专注一件事，熟能生巧，又有利于发明出专门的工具。

当然，这样的生产方式，在农业生产上实施的难度很大，限制条件很多，而在工业生产上更方便实施。对这种生产方式的解释，我建议大家看一看亚当·斯密的《国富论》。西方国家就是用这一套生产方式，在100多年前，全面超越了我们原来封建制度下的生产方式。改革开放后，我们把社会化大分工的生产方式引入国内，助力改革开放的奇迹的诞生。

在特色社会道路上，我们还要有更好的制度，把社会化大分工的优点运用好，也要把其没有发挥好个体的积极性、没有让整体效率最大化的问题解决掉。

现代社会的做法

资本主义的生产方式推出后，在创造财富方面确实发挥了巨大的作用，但同时也暴露出巨大的弊端。

把人工具化，是对个体的漠视，会导致劳资双方矛盾突出。马克思指出：生产的社会化和生产资料的私有制之间的矛盾变得不可调和。可以说，近代社会这100多年来的动荡都与此有关，都能在合约制度上找到不合理的根源。

再回到企业内部，不合理的合约方式，提高了管理成本，激化了矛盾。最重要的是，在科技发达的当今社会，财富的主要创造方式，早就从依靠人的体力变成了依靠人的智力。当一个人在体力上偷懒的时候，管理起来还容易一些；而当一个人在智力上偷懒的时候，管理起来的难度会有多大呢？

管，就错了！

现代企业里，白领的数量已经超过蓝领。即便是从事体力工作的蓝领工人，他们在智力方面能够做出的贡献都超过体力。而当前的绝大多数企业采取的都还是很难发挥人的主观能动性的管理方式。不管采取的是哪种考核方式（KPI、OKR等），不管采用的是什么现代化办公软件［ERP（企业资源计划）、U9（用友）等］，只要不能解决"员工是为谁干活"的问题，这些办法都是缘木求鱼。

我从来不说要做员工的思想工作，因为没有效果；我也不会说要加强各种管理，因为也没有效果。但凡事必有代价，要在取得的效果和付出的代价之间作取舍。相较于更落后的管理方式，加强员工的思想教育工作、运用好各种现代化管理工具，是能发挥一定的作用的，但相对于从合约出发、从源头上解决问题的管理方式，它们的投入产出比是没有可比性的。

规模与管理难度

规模有尽头。

关于企业成本,经济学上有一个U型成本曲线理论。它是指一家企业的生产成本,先是随着生产规模的扩大而降低,后来当生产规模达到一定程度时,成本不降反升。U型成本曲线理论告诉我们,规模不能无限制地扩张,规模是有尽头的。

亚当·斯密在《国富论》中指出,分工可以极大地提高生产效率。这体现了分工在企业生产中的优势,而要发挥分工的优势,就必须有足够的市场规模。比如,你生产筷子,如果只是供你一家人用,一年只需要生产几双就够了,还谈什么分工、提高效率?一个人抽半天空,把所有的工作都干了就行了。如果是全村人都用你做的筷子,那就可以请人专门帮你砍竹子了。而如果是全县人都用你的筷子呢?那就可以专门请人做各个工序的工作了,还可以为各个工序购买专门的机器。这就是分工的前提:单一

管，就错了！

产品要有足够的需求量。而这个需求量就是市场规模，产品的市场规模越大，往往意味着覆盖的区域越大、距离越远。

还是以筷子生产为例。如果单个人生产，由于一个人要做所有的工作，效率低，成本是一双筷子10元，而大规模分工生产方式下，一双筷子的成本可以降到0.1元。但如果市场要求最远要把筷子卖到1000千米外的地方，因为运输不方便，一双筷子运到1000千米外，可能需要10元的运输费。那么对于1000千米外的人来说，买筷子就不如自己生产筷子划算了。或者是生产一定的量，在全市范围内售卖，虽然量少了，但成本相对低了。比如成本是1元，但因为是在本地销售，成本还是比远道而来的筷子低。所以，市场规模又受交易费用的影响。交易费用越高，市场规模就越小。古代社会因为封建割据、税负沉重、交通不便，交易费用畸高，对大规模分工生产的限制极大。

而在现代社会，人们为了降低交易费用，一直在想办法破除贸易壁垒，比如解决运输问题，一旦解决了这个问题，就可以使很多产品发挥规模效应。一种产品，在一家工厂的生产量很大，也可以把分工做得很细。因为分工细，既可以让员工的熟练程度大大提高，又方便开展机械化生产。比如汽车生产，因为量足够大，可以把每道工序都细分，使用大量的自动化设备生产，因此，汽车的生产速度一直在加快，并且越来越快。照这样推演下去，似乎现在早就应该是大企业一统天下了。现实却是，很多大企业过得还没有小企业滋润。

这是为什么呢？因为企业的发展，虽然有规模优势，但其仍然被另一种力量制约着，这种力量会让企业的规模成为劣势，使企业的规模没办法一直扩张。这种力量就是管理费用。企业就是在规模优势和管理费用这两种力量之间寻找平衡。管理费用的制约体现在：随着企业规模的扩大，管理的难度也呈几何级数上升，企业的层级变多，信息在内部的损耗加大，以至于一些只有上千人的企业，管理人员的数量就超过一半，管理费用自然也随之上升。要知道，这些管理人员都是服务于一线员工的，而他们的收入又高于一线员工。

随着企业规模的扩大、人员的增多，管理成本的占比会一直上升。当管理成本上升的幅度超过规模扩大带来的收益时，企业的规模越大，竞争力反而越弱，直至完全失去竞争力。这就是经济学上企业U型成本曲线的由来。由于企业的类型不同、管理水平相差很大，对于到多大规模后，成本再也难以下降，不同企业之间的差别巨大。绝大多数企业在面临这一困境时，首先想到的是加强管理，最主要的手段是"胡萝卜加大棒"。

所谓好的手段，在我看来无非就是更大的"胡萝卜"，更大的"大棒"，重奖重罚，说到做到。KPI、OKR等，都是为了落实任务而已。另外一种手段，就是多和员工谈理想、信念、价值观，主要目的就是希望员工明白，大家是长期合作关系，别做"一锤子买卖"的事，要把目光放长远，不要计较眼前得失，没有人监督也要好好工作，以此来降低监督管理成本。

管，就错了！

但这些方法在实际运用中都收效甚微，员工的努力与实际收益之间的链条越长，或者说努力与收益之间的关系越不明显，员工努力的积极性就越受影响。今天的努力对应的收益是在明年或后年的某一天多给200元（也可能是500元），或者没有，与今天的努力对应的收益是今天晚上多得150元相比，后者对人的激励作用是前者根本无法比拟的。

为什么很多人明知道锻炼身体、控制饮食有益于身体健康，却总是躺在沙发上吃美食、刷手机？原因就是，现在躺沙发、吃美食、刷手机可以得到及时的快乐回馈，而锻炼身体、控制饮食的效果却滞后很多。这就是人性。

任何制度设计如果违背人性，结果注定都好不到哪儿去。这么多年来，这么多的制度设计，几乎没有哪个做到了顺应人性，所以，制度实行的效果都不尽如人意，只有一个制度例外，它就是市场经济制度。市场经济制度可以让完全自私的人在追求自己的私利时也让别人收益。就如亚当·斯密所说的，"从来不向他人乞求怜悯，而是诉诸他们的自利之心；从来不向他人谈自己的需要，而是只谈对他们的好处""我们每天所需的食物和饮料，不是出自屠夫、酿酒师、面包师的恩惠，而是出自他们自利的打算。我们不说唤起他们利他心的话，而说唤起他们利己心的话。我们不说自己有需要，而说对他们有利"。这样的制度才是符合人性的。人性是什么？人性是"每个人都在有限条件下，争取自己利益的最大化"。

在大多数企业内部，都存在一个显著的问题，就是我们把太多应该交给市场、交给别人做的事，都拿来自己干了。所谓的"自己干"，只是指自己的企业干，而不是老板亲自干。这就出现了一个大矛盾，活是一个人（员工）干的，责任却由另一个人（老板）来承担。更有甚者，权力利益都不是同一个人的，也就是说，干事的人既不用负责任，也没有权力，其能获得的利益也和把事干好干坏没什么关系。这样凭什么可以把事做好呢？既然做不好，为什么还要自己做呢？

当我们做了很多不该我们做的事、效果又很差时，这就意味着，用机会成本的概念来看，我们做的事是亏本的事。这样亏本的事越多，企业的效益自然就越差。很多老板觉得自己做比到外面买别人的便宜，这可能是因为他没把账算清，没把许多成本计算在内。

当然，对于企业核心的、自己擅长的事情来说，自己做很可能是省钱的，是赚的。但因为所谓的自己做，又不是老板真的自己做，而是委托给员工做，那么如何让员工在做事的时候，把事情就当成是给自己做的？"就当成是"不行，"就是"才行。要用市场经济的手段，让员工觉得做这件事就是给自己做的，让责、权、利三位一体，即让员工拥有100%的责任、100%的权力、100%的利益，这样才能确保员工全力以赴。

市场经济一下子解决了老板的责、权、利问题，也就解决了老板的积极性、创造力的问题。但比老板多几百倍的员工的活力却没有被激发出来，这是多么大的浪费啊。只要解决好员工和老板之间的"选量作价"问题，也就是如何低成本地计量好员工劳动成果的问题，就完全可以在企业内部也实行市场经济。遵循"两害相权取其轻"的原则，在计量成本和因员工不愿努力而牺牲的效率之间，选择更优的做法。

未来，员工的创造力是主要的生产力。在更多更好的计量方法、计量工具被发明的时代，一定会有越来越多的企业、越来越多的岗位选择引入市场经济，因为它太符合人性了。到了那个时候，企业的规模优势才能充分发挥，管理成本才会充分下降，每个人的自由度才会充分体现，无穷无尽的创意才会大量涌现，所谓的U型成本曲线也就会越来越深不见底。

第三章　如何让整体效率最大化

别管得太宽

作为老板，你知道你管了多少不该管的事吗？99%不该管的事你都管了！是的，你没看错。

我用合约式管理的标准在调查50家企业后发现，大部分老板管的事里有99%都是不该管的事。多管了这么多事，你还有时间管好你该管的事吗？

举个例子，我们来看一下企业物品管理方面的事。员工用的工具该不该企业管？许多老板认为，员工是来企业打工的，所用的工具材料当然就应该由企业出。其实这样想是因为他们的思路没有打开。

如果企业有1000名员工，这1000名员工的所有事都由企业承包，结果会是什么样的？员工开的车坏了，企业安排人修；车的油费企业报销，车的过桥、过路费企业报销；员工家里的房子坏了，企业负责维修；员工

管，就错了！

家里的电器和各种物品坏了，企业负责维修；员工家里的水费、电费、燃气费，都是企业报销。

请你想一想，把这1000个人的这些需求处理好需要多少人？300人还是500人？同时，多出来的这300人、500人，也一样会产生这些问题！关键是，这些事你有什么办法监督到位？怎么让大家控制水、电、气的用量，做到不浪费？相信即便是会搞KPI、OKR的高手也会对此束手无策。

这些事，企业不应该管，也不可能管得好，这已经是大家的共识了。那么为什么企业内员工自己使用的工具、材料、低值易耗品、水、电、气，企业就要管呢？为什么会认为企业能管好呢？其实，都不该管，都一样管不好。有人可能认为，员工自己家里用的东西是私人物品，在私人空间，当然难以监管，何况员工私人物品也没有让企业负担的道理。

如果员工是企业的全职员工，他的所有收入都来源于企业发的工资，那么他的这些物品不都是企业间接负担的吗？如果企业统一管理能比员工自己管理的效率更高、更节省，那么由企业统一管理，把节省出来的部分由企业和员工按比例分成，不是很好吗？你认为这样做会节省还是浪费呢？有人可能会认为，员工在企业用的物品，是在办公场所使用的，许多还是共用的，一方面，监管相对容易，另一方面，区分到个人头上相对比较难，所以由企业统一管理、统一负担是可以更节省的。其实不然。

第三章　如何让整体效率最大化

在企业内的物品，只要是员工自己用的，最高效的管理方式是自己用的东西自己管，没有任何方式比这个方式更好。这种方式没有管理成本。当然，企业内还有大量的设备、工具、物品是大家共用的，又确实分不开，如果强行分开，本来10个人共用一台设备，就要变成每个人各买一台，这不免会造成严重浪费。

怎么办？可以在这10个人中找一个人来管这些公共物品。

如果不让在现场的人来管，而是让其他不在现场的人管，肯定会造成更大浪费。造成最大浪费的方式是：让老板管。在企业里，老板的时间成本最高，老板离一线最远，但现实是，大多数企业里的这类事都是由老板管的。所谓是谁管的，就是谁为这事出钱，不出钱的管理者就是个传声筒。在大多数企业里，这些设备出了问题都是由老板出钱维修，花费多少都是老板的。

让全公司管理效果最差、管理代价最大的人——老板来管公共物品，也是够晕的了！公司为什么难管？为什么管理效率那么低？一个自以为是的老板，管了一大堆不该管的事，带着一大群什么都事不关己吵吵闹闹的家伙。这样的公司能管好才怪！

什么情况下注重质量

在实施合约式管理的过程中,有的企业老板担心,把什么都包给员工后,员工会不关心产品(服务)的质量,甚至为了实现个人收益最大化而偷工减料。分析一下,作为老板,我们在什么情况下会注重我们产品(服务)的质量?

一、独家垄断vs自由竞争

某人在某地干某一项生意,如果可以实现独家垄断,为了实现自己的利益最大化,他当然希望尽可能地减少成本、增加利润,这就有了制造假冒伪劣产品的动机。而当市场是自由竞争的市场时,你做不好,别人可以做,顾客有充分的自由选择权,做不好的就被淘汰了。

在这里有必要解释一下什么是垄断,只有一家经营者经营不一定就是垄断。比如,一个小乡村里只有一家士多店、一家理发店、一家小餐厅,他们是垄断吗？不一定。为什么？只要别人觉得这家店很赚钱，随时也可以开一家，他们就不是垄断。而如果别人想开却开不了，不管是迫于老板的淫威，还是受制于村长所谓的管理秩序或政策规定，这才是垄断。在别人可以干的情况下，这几家小店的经营者就会注意产品（服务）的质优价廉，就不敢奢求暴利。

一种产业，哪怕现在有1000家经营者，只要有各种限制条件，阻止第1001家经营者进入，这也是垄断。因为，现有的1000家经营者完全可以通过共谋来划分市场，抬高产品价格。所以，是不是垄断，不是以现在有多少家在干来定义的，而是以该产业是不是设置了不让后来者进入的不合理门槛来定义的。

回到企业里，如果某个岗位被某个员工或某一群员工霸占着，别人干不了，这就是被他们垄断了。就这样一个小小的岗位，便能吃光企业的所有利润。而如果某个岗位虽然只有某个员工一个人在干，但他如果干得不好，老板随时可以换人，他就没有垄断这个岗位，因为有潜在的竞争者，他因为害怕失去这个岗位会认真把工作做好。所以我提出，在企业内部要提倡这样的企业文化："每个员工都要努力，争取让自己不可替代，企业要让每个人都可以被替代。"这里所说的不可替代，不是不能替代，而是"企业不管用任何人替代我，都要付出很大的代价，我现在就是企业的最佳选择"。就像你经常购买某个品牌的商品，不是因为这个品牌的老板拿枪指着你的头，让你不要买别的品牌，而是因为你自己觉得买别的品牌不划算，你自己不想买别的品牌。

让每个人都可以被替代，也不是说每天都在不断地换人，而是只要愿意花更大的代价，就可以随时换人。所以，当员工的岗位不是垄断的，员工敢不好好工作吗？当你的企业的产品（服务）是别人都可以做的，你敢不把质量做好、不把价格降低吗？

二、"一锤子买卖"vs一辈子买卖

当你和某人做生意，只准备做"一锤子买卖"时，你会不会在这一次交易中，为了赚更多的钱而坑蒙拐骗？我想，有的人是会的。如果没有法律约束，他还可能像孙二娘一样，把对方做成包子卖了，来个彻底的"利益最大化"。

而在现实中，这样的事例越来越少了，你聪明，别人也不傻，别人也怕被你做成"人肉包子"。人类社会经过无数次的各种博弈，终于找到了"市场经济"这条道路，用市场逻辑取代了过去的强盗逻辑。

所谓"市场逻辑"，就是如果我要得到我想要的，就要给你你想要的。这是唯一不会造成资源浪费的方式，所以实行这个逻辑的地方就可以很快繁荣起来。而所谓"强盗逻辑"，就是我要得到我想要的，就用抢、偷、骗的方式，从你那里获得。这种方式会让双方像军备竞赛一样，为了保护自己的财产，采取各种防御措施，从而带来巨大的浪费。

当发现自己身处可能没有下一次的一锤子买卖的境况时，顾客也会设法自保，现代社会的法律也会提供各种保障。当然，无论如何保障，如果卖家就是一意孤行，不管明天的死活，想临时赚一笔的话，那他只能自求多福了！

回到企业内部，员工与老板之间很少出现没有下一次交易的情况，很多员工不仅要考虑下一次、还要考虑明年，甚至要考虑这一辈子和下一代。他为什么要胡来呢？

三、眼前利益vs长远利益

这种情况与只做"一锤子买卖"的情况有点类似，但又有不同。不能说考虑眼前利益有错，但若是只考虑眼前利益，就是"一锤子买卖"。而大多数情况下，老板想早点落袋为安。

大家试想一下，两家提供同样的产品或服务的企业，一家企业的老板想早点赚钱，落袋为安，另一家企业的老板却考虑长远，希望和顾客做一辈子的买卖，那么请问哪家企业胜出的概率更大呢？

这也就是为什么古人能总结出"不谋万世者，不足谋一时；不谋全局者，不足谋一域"这样的古训的原因，"欲速则不达"也是这样的道理。当然，单纯讲道理不足以说服人，如果只讲道理可以说服人，老板用儒家学说而不是合约式管理来搞企业管理，效果可能会更好。

只考虑眼前利益可以吗？可以。只要有充分的竞争，你只考虑眼前就连眼前的利益也可能得不到。如果没有充分的竞争，你只考虑眼前利益则会多赚很多钱，然后引来很多竞争者，再往后，你就要把以前多赚的都吐出来。

回到企业内部，员工可以只考虑眼前利益，我们甚至可以鼓励一线员工考虑眼前利益。只要我们的其他配套管理措施到位，员工只考虑眼前利益有什么关系呢？如果配套管理措施不到位，员工的做法恰恰可以促进我们完善企业制度。但更好的做法是，我们可以用制度，让考虑长远利益的员工有更大的收益，要一步步地引导员工多考虑长远利益。就像大禹治水要顺应水性一样，做管理要顺应人性，对人性做合理的引导。

四、无品牌vs有品牌

若你的企业的产品或服务没有品牌，消费者购买了你的产品后，即使发现产品有质量问题，也不知道找谁处理。在这种情况下，消费者还有动力把继续购买你产品吗？

我从事的花卉行业，一直都有不注意产品质量的陋习。当我第一次尝试着把产品质量做得更好，让我的产品可以在顾客家里摆放得更久时，我居然受到了全体同行的耻笑。

花卉产品的质量不好，不是表现在你购买时看到它不好，如果你买的时候就看到它不好，你就不会买了。花卉产品的质量不好表现在，你买的时候看着好好的，买回家没几天就死了。而我想做的，就是大大延长顾客买回家的产品的观赏期，这也增加了产品的价值。同行笑话我说："如果顾客买回家的花都像你家的这样，几年都不用换，以后的花还卖给谁？就是要让顾客买回家的花死快点，花卉生意才好做嘛。"

我站在"作为人，何为正确？"这个角度去思考，觉得要把顾客的利益当作自己的利益。但同行们的话也不无道理，并且这还是花卉行业一直以来的"规矩"。于是，我又尝试从朴素的商业逻辑的角度去思考，难道奔驰把自己的车的质量搞好，让顾客开100万千米都不坏是错的？这会让它的车子以后都没人买了？事实是，奔驰越做越大、越做越好了。

我们行业的问题到底出在哪里？直到学习了定位理论、经济学，我才彻底明白，问题出在品牌上。一直以来，花卉作为农产品，没有标准化，也没有品牌。当没有品牌时，你的产品就算再好，顾客也没办法识别你。消除了这个知识盲区后，我就开始做花卉行业的第一个真正意义上的品牌。有好产品，再加上品牌的加持，只用了几年的时间，我就把一家小企业做成了花卉行业排名第一的企业，并且年产值远超第二名到第十名的总和。

当农产品不做品牌的时候，就会出现各种食品安全问题，管理难度必然加大。对于什么样的产品适合做品牌，什么样的产品不适合做品牌，或者说，做品牌可以产生的溢价有多大，我在本书第一章中的《经营者必懂：消费者购买产品时的思考逻辑》中有论述，大家可以参考。当大家都认为做品牌没意义的时候，恰恰就是你做品牌的最好机会。

当然，知识的传播需要时间，信息的传播需要金钱，这也可以理解为进步的代价。回到企业内部，企业内的员工，他们每个人的名字就是他们的品牌，他们天天都被顾客（甲方老板）关注着，他们的任何不良行为都会影响其品牌溢价，他做出的任何行为都可能会让自己更值钱或者更不值钱。只要企业遵循市场原则，整个市场就会形成良币驱逐劣币的氛围，即使一时不慎，被某个人讨了点便宜，就当是交学费了，又有什么关系呢？

五、判断质量专业vs判断质量不专业

有些产品或服务是否有质量问题不好判断，这类产品或服务是最需要品牌来背书的。但由于市场经济的发展程度不同，在一些不好判断质量的产品或服务品类还没有特别值得信任的品牌的阶段，顾客为此多付出一些代价也是必然的。这时，也可能会出现第三方中介机构来帮助顾客判断，比如米其林三星的评选，再比如房屋装修的第三方评估机构。

在很多年前的建筑业也是如此，很多单位因为经常需要请建筑企业

来建房子，而自己又不懂，于是便在单位里搞了个建筑科，找专业的建筑人员来干。后来，发展出了监理企业，专门替甲方监督建筑企业施工，收取一定的监理费，还要为整个建筑的质量负责，并且是长期负责。监理企业的出现，一方面是为了让专业的人干专业的事，这样效率更高、效果更好。另一方面，监理企业可以同时监督多家施工方，哪家忙了就多派几个人过去，哪家不忙了就少派几个人过去。这样做，人员安排也不浪费，要比一家单位专门成立一个建筑科强多了，因为在单位设置建筑科，在不施工的时候，这一科室无事可做，纯属浪费。

回到企业内部，在员工生产产品时，企业还是很容易监督质量的。因为企业的员工都不是外行，而是地道的内行。为了把质量问题消灭在源头，我提出，不是生产出的产品经质量检验不合格才叫不合格，凡是在生产过程中通过不符合生产规范的行为生产出来的产品，都要视为不合格，哪怕产品是合格的，行为不规范也不行。为什么要这样做呢？因为不规范的行为，可能把产品不合格的风险从 $1/10000$ 增加到 $1/1000$ 甚至是 $1/100$，也可能带来安全隐患等问题。所以说，质量好不是检验出来的，而是所有过程都严格按标准的流程做的自然结果。

有了以上几个方面的要求——人人都要面临竞争、要考虑下次、要考虑长远利益、产品要有品牌、质量方面要有专业人士监督，谁还敢不注重质量呢？

质量怎么管

质量是企业的生命线,很多企业都想努力把质量抓好。但是,凡事都有代价。提高质量也一样要付出代价,而这些代价最终会转移到消费者头上。消费者愿不愿意为这些代价买单,决定因素在于企业如何把握质量提升的度。

这里,最重要的是把账算清。怎么算?我们先看两个成本:一是生产成本,二是交易成本。生产成本是厂家在生产环节产生的成本;交易成本是厂家把产品生产出来后,产品到消费者手中所经历的全部环节中产生的成本,不仅包括整个交易环节中产生的费用,还包括消费者在购买该产品时付出的搜寻时间、购买时间,以及自己搬运付出的代价等,甚至包括消费者把产品送人所付出的代价或消费者使用该产品时的学习成本。因为这些都是消费者为这件新产品付出的代价,只有当这些代价低于消费者获得的收益时,我们才能说这件产品对消费者是有"消费者盈余"的,也就是说,消费者购买这件产品是划算的。

再来说说生产成本。生产成本中,有一部分是原材料成本,还有一部分是人工成本。原材料成本比较好理解,你可以把水、电、气都看作原材料。而人工成本呢?有一部分是一线生产工人的直接劳动成本,还有一部分是管理人员的间接劳动成本,许多产品的间接劳动成本比直接劳动成本还高,还有一部分成本是分摊的房租等费用。

一、交易成本的账

我们来算算交易成本的账。现在商品的平均加价倍率是4倍。也就是说,出厂价100元的产品,到消费者手中平均要卖400元。消费者花的这400元中,还没包括自己额外花费的搜寻时间成本、购买时间成本、路费、运费等。如果都算上,可能是500元、600元,甚至800元、1000元,因为每个消费者的机会成本不同,商品到手时每个人付出的代价也是不同的。

对于一些机会成本很高的人来说,可能给他加1倍的价钱送货上门他也愿意接受;而对于一些机会成本相对较低的人来说,运费稍微贵一点他就会选择自己去拿了。

我们先不算消费者自己花的这笔费用,先算消费者花费的购买商品的直接金钱成本。这400元中,有300元花在了流通环节,而在流通环节中,商品的品质只会下降,不会上升,绝大多数商品都是这样,因为商品可能会因搬运受到损伤,会变质过期。但也有白酒等少数特殊商品,流通时间变长,可能还会增值。商品品质下降造成的损失,也要算到交易成本中。

现在,我们假设在生产环节增加20%的成本可以使产品的价值也增加20%(这是很正常的事情,往往还可以增加得更多),这意味着什么呢?意味着生产成本从原来的100元,上涨到了120元,但整个流通环节的成本基本没有变化(资金占用成本增加了,但不多),还是300元。因为产品的重量、体积都没变,消费者到手的成本就从原来的400元涨到了420元,上涨幅度是5%。如果我们再把消费者自己花费的其他成本全部算进去,假设是100元,那么消费者花费的总成本就从原来的500元涨到了520元,上涨幅度是4%。从20%、5%、4%这组数据可以看出,流通环节的成本占地越高,在生产环节增加的成本占比和消费者购买商品增加的成本占比就变得越低,这也是经济学上的一个理论。

"好的橙子可以卖得更远。"假设智利的车厘子在原产地有10元/斤的,也有8元/斤的,10元/斤的价格比8元/斤的高20%,这在原产地达到了平衡状态,二者的销量差别不会太大。现在假设,把这些车厘子运到中国来卖,并且是空运,整个中间环节要花费100元。我们再来看看结果有什么变化。在原产地售价8元/斤的车厘子,在中国要卖108元/斤;在原产地售价10元/斤的车厘子,在中国要卖110元/斤。这也就意味着,在中国的终端市场上,消费者只要多花不超过2%的价格,就可以买到价值多20%的产品。那么大多数人会选择买110元/斤的车厘子,而不选择买108元/斤的车厘子。这么来看，能使终端销售平衡的价格是多少呢？应该是在108元/斤的基础上多加价20%，也就是要卖约130元/斤。

在智利售价8元/斤的车厘子，在中国的终端市场卖108元/斤；而在智利售价10元/斤买的车厘子，在中国的终端市场就可以卖到130元/斤。只要多花2元，就可以多赚22元，中间商当然都会抢着买10元/斤的车厘子了。根据市场会趋向平衡的规律，如果智利的车厘子全部都是以这样的中间费用出口到中国的，那么这两种车厘子在原产地的价格差就应该达到20元。当中国的中间商可以接受售价高于20元/斤的车厘子时，最好的车厘子一定会被中国人买走。这体现的一个原理是：中间环节的交易费用占比越高，消费者越倾向于购买更高质量的产品，哪怕更高质量的产品的生产成本会高很多。

社会商品的平均加价倍率是4倍，也就是说，还有很多商品的加价倍率会超过10倍。所以，对于这类商品，要加大力度提高生产质量，哪怕为此要付出更多的成本，有时为了提升10%的产品价值，甚至可以接受翻1倍的成本提升。如果不能算清这笔账，生产者就不敢付出那么大的代价。换句话来说，你在质量上克扣的那点钱，很大可能是得不偿失的。

二、生产成本的账

我们再来分析另一项成本：生产成本。在生产成本中，与质量密切相

管，就错了！

关的，一是原材料，原材料差，是很难生产出好产品的；二是一线员工的工作态度。其他方面，如厂房租金、管理成本等，不是与质量没有关系，而是关系不那么密切。管理的目的之一是让一线员工保质保量地完成工作，如果一线员工不用或少用管理也可以保质保量地完成工作，那就尽量不用或少用管理。

在生产成本中，原材料成本和一线员工的成本很多时候也只是占总成本的一半左右，而其中对质量影响最大的是一线员工的工作态度。为此，要把精力集中在如何改善一线员工的生产态度上来。也就是通过最小的代价，把占生产成本约10%的员工成本——在100元生产成本中，一线员工的成本占10元——调整到占总成本的约2.5%。这样，在400元的零售价格中，一线生产员工的成本就还是10元，却可以使这部分工作的价值提高20%甚至100%。其实，只要投入产出比为正，生产成本就是可以放心投入的，除非是对员工在质量上的要求太高了，虽然质量提高了，但质量提高带来的价值没有人工费高，那就不宜再提更高的质量要求了。

改善一线员工的工作态度，传统的方法基本都是"胡萝卜加大棒"，这些方法成本高、效果差，并且随着企业生产规模越来越大，成本就会越来越高，效果也会越来越差。新型的管理模式是以经济学为基础的合约式管理。这种管理模式注重的是合约设计，通过设计合理的符合人性的合约，实现无须管理。员工行为之所以会不符合老板的预期，主要是因为我们把员工的账算错了。算错账，员工的行为必然跑偏。许多企业在实行计

第三章　如何让整体效率最大化

件制时，都会遇到一个问题，就是员工往往只注重产品数量，不注重产品质量。为什么会这样呢？主要还是管理者对员工的奖罚制度（合约）不恰当造成的。比如，在计算工资收入时，只按件数计算工资，如果员工把产品做坏了，也只是做坏的这件不算钱而已。有的老板怕质量控制不住，不敢采用计件制，而是采取计时制，使得员工和老板之间展开了摸鱼和反摸鱼的大PK，这完全与现代管理背道而驰。

我们来算一笔账，某产品的人工费是1元，成本是100元，如果员工把该产品做坏了，损失只是1元的工钱，而老板实际的损失是100元；而如果该员工自己是老板，产品做坏了他就会损失100元，他对待工作的态度肯定就不会和做坏了只损失1元时一样了。

然而，做得慢也是一种损失，如何在速度和质量之间找到平衡？这就要看怎样做才能实现利益最大化。当产品价格很低、损失很小时，我宁愿损失产品，不想为了保护产品而牺牲效率。比如，在花场浇水时，因为清水很便宜，0.1元/吨，而营养液很贵，20元/吨。为了利益最大化，在浇清水时，我会把水龙头开得很大，追求速度，就算是浪费了几倍的水也无所谓；而当浇的是营养液时，我就会很仔细，避免浪费。所以，当员工和老板做同样的产品，收益和损失却不同时，员工对待工作的态度当然就不会和老板一样了。如果某员工一天做200件产品，每件产品的价值是100元，他做坏了10件，损失率是5%。如果公司规定，做坏产品不扣钱，只是做坏的产品不给员工工钱，每件产品的加工费是1元，那么，这名员工的最

管，就错了！

终收入就是190元。而另一名员工为了保护产品质量，把速度降下来，做了150件，没有造成损失，收入是150元。很显然，后一名员工的收入比前一名少了。但如果后一名员工是老板，和前一名员工相比，他减少了7.5件（5%）的产品损失，也就是他减少了750元的损失，这是很划算的。所以，如果老板把这笔账算错了，员工的行为必然跑偏。

其实，这样的例子到处都是。比如，餐厅的厨师把很多能用的菜丢掉，让老板急得直跺脚；做衣服的员工为了速度，裁剪材料时大手大脚，很是任性。很多时候，员工的工资收入都低于他所经手的产品的价值，甚至大大低于他所经手的产品的价值。一名员工一天的收入是200元，可由于他的粗心大意，造成的损失可能达到1000元、2000元。所以，我们评估一名员工，不能只看收益的一面，还要清楚地知道，他会给企业带来多大损失，收益减去损失才是净收益。用这个标准去重新衡量员工，你可能会发现，许多员工带来的收益是负的，这样的员工倒贴钱给企业你都不该要。有人可能会担心，如果让员工承担他造成的损失，会没有人愿意干。遇到这种情况怎么办？很简单，加钱，加到可以招满合适的人来干为止。

在计量上，还有一个小技巧，就是先算出在正常情况下员工做该产品正常的平均损耗率。如果平均损耗率是1%，我们就把1%的损耗率定为指标，损耗率为1%的不奖不罚；低于1%的部分，按产品的实际价值（比如100元）奖励；高于1%的部分，按产品的实际价值处罚。我们现在先假设，某员工1天生产200件产品，并且产品的合格率是100%，那么，他的收入是多少呢？已知工价是1元/件，做200件就得200元，允许的损耗率是1%，也就是2件，若这2件没有损耗，这2件的价值是200元，那他的实际收入就是400元。那么他实际做了200件产品，折算出的每件产品的单价就是2元。也就是说，如果我们把工价从原来的1元提高到2元，就可以规定每做坏1件扣100元。这样既有人愿意干，又非常好计量。最关键的是，员工在这样的制度设计下，都会竭尽全力想办法降低损耗率。所以，当员工的做法不符合老板的预期时，老板先别急着对员工做思想教育工作，搞各种KPI、OKR考核，要先研究一下原来的制度是不是合理。用沙盘把原来的制度好好地推演一番，你可能就会发现，在你看来不对的行为，站在员工的角度来看却是最合理的。

设计好合约，真的很重要！但是针对各种复杂的工作岗位，都设计出非常合适的合约，也不是一件容易的事。如果这些合约都需要从头开始设计，可以说是相当难的。好在有人（我）已经把企业内部的各种管理合约都设计出来了，99%的企业都可以照着来做，这就极大地降低了探索的成本，"你不需要再重新发明车轮了"。

通过以上论述，我们知道，质量需要提高到什么程度，才可以通过正确地计算投入产出比来把握；一线员工对质量的负责程度，也可以通过令真实损失对应的真实价值来把握。在算清账的基础上设计好合约，才是企业的治本之道。

分工的好处

亚当·斯密在《国富论》中以"生产扣针"为例,写到:通过分工,10个工人一天可以生产出扣针48000枚。如果让工人各自独立完成全部工序,那么他们中的任何一个人,一天连20枚扣针都生产不出来。亚当·斯密进而指出,分工是提高劳动生产率的根本途径。这是每个企业老板应牢牢记在心头的重中之重的事。

分工能给企业带来哪些好处呢?

一、效率更高

通过分工,员工可以专注于做某件事,熟能生巧,员工的工作效率会大幅度提高,同时又能节省交换工种的衔接时间。尤为重要的是,分工让管理工作变得更加简单,因为员工们不仅知道今天要做什么,还知道明天要做什么、这个月要做什么甚至今年要做什么。这样一来,老板做管理、给员工安排工作的时间就可以大大地减少。

二、培训更少

无培训，不生产。现代社会对产品品质的要求越来越高，如果从业人员不经过专业的培训，就很难生产出合格的产品。很多复杂工作的培训时间更是惊人的久，比如厨师、铁匠和木匠，好的师傅起码需要学习3～5年才能掌握精湛的技术。但通过分工，企业可以把一件复杂的工作分成若干项，每一项工作由专门的员工来负责。这种方式不仅降低了工作难度，还大大降低了培训成本。

三、工具更优化

分工使每个员工都在做一项相对简单的工作，就像即便是处在汽车制造这样的人类工业生产复杂度极高的产业，通过分工，大部分员工可能做的只是诸如拧螺丝这样的简单工作。这类简单工作为机械化生产提供了很多条件，因此，可能只要发明简单的设备和工具，就可以让效率提高几十倍甚至几百倍。这也体现了现代经济发展的两大核心：人和技术。在合约式管理中，企业会特别注意每一个细微环节的技术进步，并且用制度去推动技术进步目标的实现。

四、员工更稳定

大部分员工不太喜欢每天不停地更换不同的工种。企业应该让员工集中精力在某个环节上深挖，成为这一环节工作的专家。企业公开鼓励每一个员工努力做到不可替代。这样一来，无论是员工的个人收益还是个人感受，都会变得更好，因此，更有利于员工的稳定。

减少企业内"万金油"的人，企业本身也不做"万金油"，这既是对员工负责，也是对企业负责。

第三章　如何让整体效率最大化

如何定价

所谓"定价",就是定出员工所做工作的单价。有了单价,再乘以数量,就是员工的收入了。由于每家企业的岗位千差万别,定价的方法要高度灵活,既要考虑可行性,也要考虑计量成本。

计件的核心难点是"选量作价",也就是确定采用什么样的定价单位最合理。定出合理的价格是一件非常困难的事情。

定价单位的选择原则为:

(1)成本最低、最准确才方便采用通用的单位和通用的数量。

(2)分析对比各种计价单位的优势和劣势。

(3)进行沙盘推演,从中找到最合适的计量单位。

具体的定价方法有以下几种。

一、秘试法

1. 适用范围

大量重复性的工作。

2. 操作方法

（1）找到最可靠的人（小企业就是老板），提前试干。

（2）通过试干，找到做这件事的最佳方法和最合适的工具。

（3）通过试干，测试出单价。

（4）测试出的价格公布后，短时间内不要轻易改变，不然会打击员工的信心。

3. 好处

（1）找出更优工作法，推广到团队中，进而提升整体工作效率。

（2）更优工作法的目标包括：质量更高、效率更快、工作更舒服。

二、颠三倒四法

1. 适用范围

适用于企业内大量一次性工作、研发类工作、非常规性工作。这类工作既要尽早完成，又不方便提前测定好价格。如果用计时方式安排人做，又难免出现磨洋工的问题。

2. 操作方法

（1）由主管根据经验给出一个价格。比如，搬运一堆土，预估一个人需要三天时间，而一个人一天的薪酬是150元，就可以定价450元（150*3）。

（2）在不确定到底是三天还是五天能干完的情况下，在颠三倒四法实行的早期，为了鼓励大家提升积极性，可以按五天来。

（3）员工必须接受定好的价格。这听起来好像很不讲道理，但这恰恰是颠三倒四法的精髓。员工可以不计较在一件事上的收益大小，只需要考虑一个月下来、一年下来的整体收益是不是符合自己的预期。

3. 好处

（1）避免磨洋工。因为已经定好了价格，若再浪费时间，就是员工自己的时间了，节省下来的也是自己的，磨洋工就没有任何意义了，也就不需要人监管了。

（2）避免讨价还价的交易成本。在单件事上双方讨价还价还是很耗时间的，如果在单次交易中价钱高一些低一些双方都无所谓，双方都看的是多次、长期交易的收益。长远来看，避免讨价还价可以节省大量的时间。

（3）员工会发挥潜能。比如，针对某研发项目，企业提前约定了不同的奖励措施：一个月之内完成，奖励10万元；两个月之内完成，奖励8万元；三个月之内完成没有任何奖励。在这种情况下，员工当然会竭尽全力争取在一个月内完成。（当然，前提是经过预估，一个月内完成是有可能的，而提前完成又对企业有巨大收益。）

三、极限挑战法

1.适用范围

（1）需要搞清楚员工真正的潜能和能承受的工作量是多少时。

（2）着急赶工时。

2.操作方法

（1）先预估一个中间偏低的任务量，以70%的员工能正常完成工作为基础。

（2）按照任务量与员工规定好标准价格。比如，需要完成的任务量是1天制作100个产品，标准单价是1元/个。

（3）采用阶梯定价方式，以标准价格为基准，与员工规定好完不成任务量和超额完成任务量的不同价格。比如，1天制作完成90个，单价是0.9元；1天制作完成110个，单价是1.1元；1天制作完成120个，单价是1.2元。以此类推。

3. 注意要点

（1）限定时间，每个人都是公平的。

（2）防止员工过劳死。

（3）规定不允许把别人的产量算在自己头上。

（4）严格控制质量。

四、加权平均法

1. 适用范围

可以用加权平均法分别计算员工1个月内和管理人员1年内的绩效，特别是不同工价且占比相对稳定的工作。

2. 操作方法

（1）为了减少计量成本，可以把一个员工做的不同工作的事项，加权平均成一种工价。

（2）要统计好每个员工的工作量的占比，方便进行加权平均。

（3）随着工作量的变化，不同工价的工作交由不同的人做以后，要定出不同的价格。

3. 注意要点

（1）员工每日之间的收入即使有10倍的波动，他一个月内的总收入相差不大就行。

（2）管理人员的薪酬计算也可以用加权平均法，允许每月之间的收入差10倍，确保每年的总收入合理即可。

（3）要跟员工算清楚，让员工理解；对于不理解的员工，可以劝其先试行。

五、上下波动法（轻增重减）

1. 适用范围

（1）工作效率随着工作数量、工作时间的变化有较大变化的工作。

（2）阶段性且任务量不是很大的工作。

2. 操作方法

（1）如果某项工作是偏技巧性的工作，随着时间的推移，员工会做得越来越熟练、越来越快。这类工作就属于"轻"的工作。

（2）如果某项工作是偏体力性的工作，随着时间的推移，员工能使出的力气越来越小、越来越慢。这类工作就属于"重"的工作。

（3）对于"轻"的工作，企业要在员工原来的任务量上适当地增加一些。至于加多少任务量，就要看技巧难度。对于"重"的工作，企业要在员工原来的任务量上适当减少一些。

六、纵深法（10个人干1天 vs 1个人干10天）

1. 适用范围

不是很着急处理的事，员工可以将其放在待办事项清单里。

2. 操作方法

（1）提前半年说好工作要求、价格、人选等。

（2）让对方自行选择方便的时候做。

（3）做好后自检、上报、签收和结款。

3. 好处

（1）减少员工的培训成本。

（2）减少工具费用。

（3）有利于提高员工的工作效率。

（4）员工在工作中感到开心。

（5）企业与员工更容易相互依赖。

七、同行测评法

根据所在地区、所在行业同样的工作岗位单位时间应该付多少薪酬，来确定公司员工的薪酬。比如，员工所在的工作岗位工作一小时，可以做15件产品，如果当地的基本工资水平是15元/小时，那么就可以定价为1元/件。如果再附加上一定的工具损耗费、能耗费、低值易耗品费用等，比如，员工使用工具要算上工具损耗费0.02元/件，能耗费折算在产品单价中（0.03元/件），低值易耗品费用也折算在产品单价中（0.1元/件），这样综合定价就为1.15元/件。

每家企业的工作条件、工作内容、工作环境不同，对员工的要求也不同。下面列了一张工资市价表（见表1），你可以根据具体的情况来评估自己公司的工资水平。

表1 工资市价表

基本工资：3500元
（备注：符合法定要求，不作其他限设）

	需增加工资的要求	增加（元）		可以减少工资的条件	减少（元）
1	年龄40岁以下	1000	1	公司影响力	500~5000
2	年龄50岁以下	500	2	环境优美	500~1000
3	只要男性	500	3	位置好	500~2000
4	只要女性	500	4	有前途	500~5000
5	大专学历	500	5	有面子	500~2000
6	本科学历	1000	6	可以交朋友	500~1000

续表

	需增加工资的要求	增加（元）		可以减少工资的条件	减少（元）
7	重本	1500	7	工作有计划	500~1000
8	211	2000	8	奖罚分明	500~1000
9	985	2500	9	讲信用	500~1000
10	颜值	500~5000	10	能学到东西	500~5000
11	距离远（5千米以上）	150			
12	环境（高温、寒冷）	500~2000			
13	噪声	500~2000			
14	粉尘	500~2000			
15	危险	500~5000			
16	受歧视	500~5000			
17	氛围差	500~1000			
18	老板凶	500~2000			
19	乱指挥	500~1000			
20	强度大	500~3000			
21	难度大（需要花费学习时间）	500~5000			

如何计数

在企业管理中，统计每个员工的工作量是一项日常工作，工作量很大。因此，选择正确的计数方法特别重要。在经济学上，关于是采用计时方式还是计件方式的争论中，能不能高效地、快捷地统计出员工的工作数量，是一道分水岭。如果统计数量的方法很难或成本过高，企业就不得不采用计时的计数方式，而计时方式的缺点有哪些，我在这里就不再赘述了。

为了解决这个问题，我在实践中，根据不同的局限条件，采取各种计数方法后发现，现在可以实现两个100%：一是100%的岗位都可以计件，二是计件后的效率100%比原来的高。

在合约式管理上，有三个要求：

（1）日报。要求每天都能把员工前一天的工作量统计出来，这样可以做到及时奖励、有纠纷及时处理。

（2）高效。简化计数方法，节省用于计数的时间。

（3）准确。要求无误差，有了误差，允许员工投诉，并给予其赔偿。

除了计时方式和计件方式，还有六种计数方法。

一、分解法

这种方法要求每个员工尽可能长期干一种工作，这样既有利于提高工作效率，又有利于统计工作量。

二、打包合并法

这种方法针对的是工作比较烦琐的行政类、文秘类的岗位，操作方法如下。

（1）列工作清单。把要做的工作按重要性排序，列一个明确的工作清单。

（2）制定质量标准。根据工作清单的内容，逐项制定质量标准，再把达标、非达标的收益和扣罚逐一列出来。

（3）定价格。约定做好每项工作员工能获得多少钱。在价格不变的情况下，鼓励同样的工作，用尽可能少的时间完成，尽可能舒服地完成，尽可能以更低的成本完成。

（4）倡导建立不浪费的文化。如果员工可以减少工作时间，那么要让他享受到减少工作时间的收益；如果员工可以减少工作成本，那么也要让他享受到减少工作成本的收益。先把可能造成浪费的行为除掉，比如，磨洋工、不爱护工具材料，再考虑如何分配因浪费减少而节省的部分。

（5）节省下来的资源的分配问题。分配原则是先给员工后引入竞争，因为老板和员工都要受市场约束。

（6）如果员工想增加收入，可以给他增加工作量，也就是实行"加活加钱"的政策。

三、自记法

适用范围：工作量总数可控，但个人的工作量比较难统计的情况。

操作方法：让员工自己记录自己的工作量，和工作量总数对不上时，要自检自查。教一些好的记录方法给员工，并提供相关表格，节省员工的工作时间。

工作要点：记录有错误，可以复查复核，一般不要惩罚员工，最多让他出人工费。避免员工之间产生矛盾，把责任分清楚。如果有员工是恶意出错，那要对他进行重罚或将其换到不需要自记的岗位。

四、共用法

如果企业生产某种产品，该产品在不同的环节由不同的员工进行加工。这种情况下，在统计数量上，可以以该产品的总数作为统计基础。比如，某工厂一天生产1万双鞋，这1万双鞋中就包含16万个打孔的工作、2万个粘底的工作，以此类推，列出一张各种工作的数量清单，以最终的产出品作为员工的统计数量是最准确的。但这样做也有一个问题，就是从第一道工序到最后一道工序，往往需要花费几天的时间，会有时间差。比如，最后一道工序做出来的总量往往是三天前甚至四天前第一道工序的工作量，但这并没有关系，和员工说清楚就行。这种方法可以大大降低计量成本，减少计量差错。

五、找合理单位法

有人举过一个例子,假如一个人一天生产3万颗螺丝,但要数清楚到底生产了多少颗螺丝,可能需要另外一个人数3天,这就是一些工作无法计件而只能计时的原因。其实,这种工作可以简单地通过其他方法来改变。比如,同样是数螺丝,我可以通过称重量来计数,如统计出1千克是100颗螺丝,3万颗螺丝就是300千克,虽然可能会有一点误差,但又有什么关系呢?与提高的效率相比,使用称重量来计数是非常划算的。除此之外,还可以采取装盒装桶、称原材料的方式来计数;再进一步,也可以根据销售时的包装情况来计数,比如,在销售时需要将产品包装成100个/盒,那就可以在包装完后按照该数据反推加工环节的生产数量。总之,类似的方法数不胜数,我们完全可以做到以很少的计量成本,比如低于人工成本的10%,来进行精准计量。

我在实践中发现,如果不采取这样的计数方式,放任员工采取计时法,员工的工作效率会差4倍。更重要的是,在计时条件下的员工,每天想的都是如何提高摸鱼水平,而只有在计件条件下的员工,想的才是如何提高工作效率。这样一来,差距就会进一步拉大,就不再是原来的4倍了,可能是40倍甚至400倍。

所以在合约式管理中,是杜绝采用计时法工作的,包括所有员工和岗位。即便是暂时的计件法没有那么好,计件的计量成本较高,也要坚持采用计件法。先采用计件法后再想着如何改进计件方法，让计件的计量成本降下来。目前来看，合约式管理已经在很多家公司的不同岗位进行了实践，完全可以做到让计件法的效率完胜计时法。

六、佯怒法

适用范围：员工愿意一起工作，不愿意分工的情况。

操作方法：

（1）搞清真相。许多员工在一起工作，不同意分工，其实并不是所有员工都想一起工作，只是想分工的员工，往往不好意思说出来。

（2）只要工作条件允许，就必须分工到每个人头上，就算是夫妻也要分开。

（3）借着员工一起干的不合格的工作，把所有人都骂一顿。

（4）骂完再道歉，表示不该骂所有人，但要和大家说清楚是因为分不清哪个环节是谁干的才这样的。

（5）有了这样的铺垫，再让员工分工，按单独计件来计数。这样一来，产品出现质量问题可以追究到个人头上，不会连累其他人。

（6）实现具体分工到个人。

第三章 如何让整体效率最大化

分清不同的市场

很多企业喜欢发扬集体主义精神。老板也认为，企业做出了成绩是大家共同努力的结果，并且对于企业存在的一些问题，喜欢提出"××××，人人有责"的口号。如果今年企业的效益好，就奖励全员13薪、15薪；如果今年企业的效益不好，就连年底双薪也全部没有了。

这些做法问题太大了。举个例子：两兄弟都是司机，老大勤快、技术好，老二懒惰、技术一般。两个人找工作，老大进了甲公司，老二进了乙公司。老大兢兢业业，汽车开得好，保养得也好，给甲公司省了不少钱；老二各方面都表现得一般，得过且过。若他们作为个体运输户，从他们的表现来看，一年下来，老二要比老大少赚10万元。但现在的结果是，老大所在的甲公司亏损了，他只拿到了基本工资；老二所在的公司大赚了，老板给每个员工都发了15薪，老二的收入反而比老大多了5万元。这样的现象非常普遍，很多人总结出"选择大于努力"这句话。但如果你作为老板也这样想，那就要反思反思了。

管，就错了！

首先，我们必须知道这是一个问题。虽然是两家不同的公司，但员工做的是同样的工作，干得好的就应该比干得不好的多赚。许多老板之所以没有意识到这个问题的严重性，是因为把不同的市场搞错了。什么意思？也就是把企业生产产品的产品市场和每位员工的工作岗位市场搞混了。比如，你的企业是生产鞋子的，你企业的产品市场是鞋子市场，你要按照鞋子市场的竞争形式来定价。如果你的鞋子品牌独树一帜，那么每双鞋子可以溢价500元，价格是同行的3倍，这是你们品牌的强大竞争力与优势，但是这并不意味着你企业里负责运货的司机的收入也要是同行的3倍。这里的同行是指从事运输工作的同行，而不是做鞋子的同行。相反，如果你企业的鞋子不好卖，是亏本的，作为一个为你公司运输鞋子的司机，他如果做得好，也应该比他的同行赚更多的钱。

公司里的很多岗位所处的市场都不是你公司的产品市场，如财务、后勤、行政甚至流水线上的各种岗位。比如，炼胶的就是炼胶岗，他的同行是其他炼胶岗上的人；做包装的是包装岗，他的同行是其他包装岗上的人。所以我说，公司赚钱，公司里做得不好的任何岗位、任何人也可能亏钱；公司亏钱，公司里做得好的任何岗位、任何人一样可以赚钱。很多老板之所以会不分青红皂白地一起奖励或处罚员工，本质上是因为没有办法清清楚楚地计算出每个员工的价值。

如果作为老板，你都搞不清楚谁的价值是多少，那么员工还有什么必要努力呢？很可能努力干活的员工都不如会演戏的员工的收入高。时间一长，贡献大的员工必然选择离职，公司必然出现逆淘汰现象，最后只剩下那些让公司"亏本"的员工，想想后果都觉得可怕。

管，就错了！

物品的承包

合约式管理是企业的一次彻底革命，它不仅要解决员工的积极性问题，还要全方位地解决企业内部的人力、财力、物力方面的问题。

诺贝尔经济学奖获得者米尔顿·弗里德曼提出四种花钱办事模式。

（1）花自己的钱给自己办事，既讲节约，又讲效果。（比如，上街买菜，讨价还价）

（2）花自己的钱给别人办事，只讲节约，不讲效果。（比如，去医院看病人，给他买礼物）

（3）花别人的钱给自己办事，只讲效果，不讲节约。（比如，公费医疗）

（4）花别人的钱给别人办事，既不讲节约，又不讲效果。（比如，某些国有企业采购原料）

在合约式管理下，企业应采取"花自己的钱给自己办事"的方式，把物品全部承包，具体的做法有三点。

（1）对于员工个人使用的低价值的工具（价值在2000元以下），直接核定出一个价格，公司付钱，让员工自行购买。要求员工使用符合公司规定的产品，按需使用。如果员工购买不方便，公司可以在内部设置独立的第三方商店，与员工进行单独交易。

（2）对于低价值的耗材，也可以按照上面的方式处理，企业给出一个价格范围供员工自己选购。

（3）对于水费、电费、燃气费等能耗费用，都可以根据员工的实际使用情况，承包给员工，并按月给员工结算费用。

以上三项费用的结算，采取和工作量（产量）挂钩的方式，而不是固定金额的方式，比如，每件产品给到工具费多少钱，耗材费多少钱，水费、电费、燃气费等能耗费用多少钱，统一加进去。这样既方便计量，又把固定费用变成了变动费用，还更加合理。

———————————— 管，就错了！————————————

小贴士：公司在实施这些承包项目的时候，为了能够比较顺利地承包下去，初期可以采取放水的方式。具体而言，就是本来需要花费100元，可以给到员工150元。如果员工经过节省，只花了50元，那么他就增加了100元的收入。

企业采用这种方式需要计算的是机会成本。在传统的管理中，这类物品都是由企业来统一购买、统一发放使用，员工对不属于自己的东西是不会关心的，这就很容易造成浪费。同时，从购买、储存、发放到监督、核算等环节都需要大量的费用。为了减少物品被偷盗的风险，企业往往会增加监督成本。通过把这些工作承包到员工个人头上，这些费用就都节省下来了。如果把这些节省下来的费用都给到员工，不仅可以增加员工的收入，也会让员工的粘性更强、更容易被管理。

承包大型设备的方法

对于价值很高的大型设备，员工很难自行购买，但也要将其承包给员工。企业可以采取以下方式将其承包给员工。

（1）员工负责承包维修费、能耗费。企业根据大型设备使用的历史数据，计算出合理的维修费、能耗费，按固定金额承包给员工。节省出来的，是承包员工的；浪费的，也要由承包员工来承担。

（2）对于维修费、能耗费均很高，员工比较难承包的设备，企业可以采取责任金的方式承包给指定的员工。由指定的员工负责日常维护和维修，但每次维修前，指定的员工需要支付固定的责任金，比如，经计算，某设备需3个月维修一次，设定每个月的维修责任金为100元，3个月就是300元。如果该员工可以减少该设备的维修次数，将维修周期变成6个月一次，那么可以节省300元维修责任金，这些节省下来的维修责任金就归员工所有。

（3）由第三方专业人员承包。对于那些与设备损坏没有什么关系又相对公用的设备，可以由一个相对专业的人承包多件设备，承包的员工在单件设备上可能亏损，但总体上还是可以赚的。

在物品承包的管理上，需要进行地毯式检查，看是否有没有承包出去的，因为没有承包的，都需要老板负责。此外，还有一种检查方式——签字检查法。老板在签字的时候要深入追问：这件事为什么要我签字？这个物品难道不能承包给××员工吗？通过该检查法，进一步梳理有没有什么疏漏的地方，从而完善物品承包管理。

通过承包，员工的意愿问题就彻底解决了，但员工的能力问题仍需提升。企业要教会员工管理物品的科学方法。同时，责任金要按月及时兑现，并且在给付的款项明细中列明包含的内容，需扣罚的项目也要及时扣罚。对于有意愿扩大承包项目的员工，只要合情合理，企业就应该给予鼓励。鼓励员工带资加入公司多赚钱。

承包物品的定价方法

（1）对照历史数据，根据以前的一段时间，如3个月、6个月甚至1年的成本费用，核算出应该支付给员工的费用。

（2）组建评估小组制定承包物品的定价标准。对于没有历史数据的情况，要由有经验的人员进行科学评估。

（3）故意放水。在比较小的金额上，不要过于计较，可以往多算，以此提高员工的积极性。

（4）竞争定价。如果某些物品定价后，很多人都想承包，就要按"价低者得"的原则，让大家自由竞争。

管，就错了！

案例分享

　　某公司需要购买一台商标打印机，商标打印机的价格有两种：一种是5000元一台，打印商标的成本为1元/个；一种是10万元一台，打印商标成本为0.1元/个。这个时候，该公司应该选择哪种商标打印机呢？传统的思维可能考虑的是根据需要打印的数量和公司的资金状况来判断购入哪一款商标打印机。其实，还有一种方法，就是由负责打印的员工自己花10万元购买一台，然后公司按每个商标0.3元付钱给该员工，该员工自己负责商标打印机的耗材和维修。这样综合算下来，等于公司没有花钱就买了商标打印机，还把总成本给降下来了。因为在以前的使用中，公司不仅要花钱买机器，还要负责购买耗材和维修。在这样的措施下，员工以10万元的投入获得每个月4000元的收益，员工也很开心。这就是一种双赢的思维。

第三章　如何让整体效率最大化

管理人员的合约模式

很多生产型企业，对于在一线从事生产的员工都是按照计件的方式来进行管理的，不过，对于他们的管理人员（如班组长、车间主任、统计人员、财务人员和厂长等），一般采取固定薪酬加奖金的方式进行管理。这样的管理模式有一个弊端，就是当企业的生产任务加重时，一线员工的收入会按比例上升，而管理人员的收入几乎是不变的。

我曾亲耳听到过某个工厂的车间主任当着老板的面说："如果企业的订单量增多，我只能自认倒霉了。"在这种管理模式下，几乎所有的管理人员为了自身的短期利益都希望企业的活越少越好。当他们有这种想法时，如果有客户到企业看场地、谈合作等，在他们眼里，这些客户都是在给他们找麻烦。当企业的业务量急剧萎缩时，管理人员的收入也降不下来，人员也很难减少，这样一来，管理成本在总成本中的占比就必然提高。

管，就错了！

我们可以来看一下下面这种模式设计。假设企业的销售额达到1亿元时，利润率是20%，利润是2000万元。这时，企业开始不断地扩大生产规模，把销售额做到10亿元，而利润率还是20%，此时的利润就达到了2亿元。假设此时出现黑天鹅事件，让企业的销售额又降回到1亿元，如果产品的售价等都不变，各种成本还和原来的一样，企业还可以有最初的2000万元利润吗？做过企业的人都明白，这是不可能的。因为企业为了配合做出10亿元的销售额，增加了一大堆固定费用，如固定资产的投入、人员的扩张，特别是管理人员的增加，这些费用几乎都变成了固定费用。所以，在销售额达到10亿元的时候，可能有5亿元是需要固定支出的费用，此时哪怕一分钱的销售额都没有，也要支出5亿元的费用。

这种模式设计使企业规模只能越做越大，不能缩小，在出现黑天鹅事件时，没有任何抵抗能力。相比之下，合约式管理是一种全新的模式设计，它让企业全员与企业共进退。当企业业绩增长时，所有人都能享受增长红利；当企业需要应对危机时，所有人跟着企业一起应对。采用合约式管理，销售额从10亿元降至1亿元时，企业也能够应对自如。

除了在员工中实行计件外，所有的管理人员也要实行计件，而他们的计件方式是和企业的产销量挂钩的。比如，车间主任的收入是按照他所管车间的全体员工的收入或该车间的产值、产量来等比例进行增减的。财务人员的收入也是如此。这样一来，当企业的业务量下降时，所有人的收入一起下降。当然，由于每个人对收入的预期不同，当某个人的实际收入低于他的心理预期时，他就会选择离职。

这样一来，原有的工作就会被其他人替代，也就自动减少了管理人员的数量，让管理人员占比始终维持在一个合理的范围内，其他岗位亦是如此。通过采用合约式管理，不管是员工的工作积极性还是产品质量，几乎都不用管理人员去操心、去协调，可以大大地增加管理人员的管理半径。

企业采用合约式管理后，管理人员的工作是什么呢？主要有以下六种工作。

（1）从上级处领取清晰的、明确的任务。

（2）把该任务清晰地、明确地分配给最适合的员工。

（3）清晰界定每位员工的职责、权力范围和收益。

（4）想办法让员工舒舒服服地多赚钱。

（5）扩产时增加员工，缩小产值时减少员工。

（6）承担和解决员工工作中所有关于数量、质量的责任与问题。

管，就错了！

企业内部实行闯关制。所谓闯关制，是指员工做的某件产品如果出现问题，需要赔偿10元，这个处罚是由组长来决定的。但该组员工所做产品出现的所有问题，如果被班长查到，班长无权处罚员工，只能让组长承担责任。此时组长承担的不再是10元的赔偿责任，而是会被加重处罚，具体的赔偿金额可以用一个公式来计算。公式是：处罚金额=造成的实际损失额/被检查到的概率。比如，造成的损失额是10元，被检查到的概率是1/10（即从10件产品中抽1件检查），如果抽中的产品不合格，对组长的处罚金额就是10元除以1/10，即100元。

由上述公式可见，抽查者的管理层级越高，抽查的概率就越低，而一旦发现问题，处罚就越重。如果老板亲自查到一件产品不合格，很可能要处罚总监1万元甚至10万元。这不是情感问题，这是一个数学问题。如果不采取闯关制，老板一旦发现问题，直接越过各级管理人员处罚员工10元，就等于让这些管理人员全部变成了摆设。我们要知道，管理人员所赚的管理费用就是为了承担这份责任的。

在这种闯关制下，管理人员的工作量可以减少到传统管理模式的1/10。因此，对于管理人员的提拔，有且只有一个硬性标准：勇于担责。

任何人，只要能够证明他勇于担责，就可以考虑把他提拔上来做某个级别的管理，而不用过多考虑此人的认知水平、管理水平等。许多老板没有担责意识，他们提拔管理人员只会考虑这个人和自己的关系如何、这个人的认知水平如何等附加条件。

当一个人做了老板以后,他对他的员工就有了全面管理的权力,这个权力的本质在于他敢于承担经营损失的风险。所以平时考察潜在管理人员的时候,始终要把勇于担责作为一个硬性标准,比如,员工犯错后对待处罚的态度,员工对处罚金额的理解。员工愿意承担责任和有能力承担责任又是两回事,意愿是大前提,有能力是条件。

如果愿意了,即便是承担能力不足,也可以让他承担部分责任,随着公司的发展、个人收入的提高,再给他逐步增加责任。对于不想承担责任的员工,可以采取循循善诱的方式,先让愿意承担责任的员工收入有很大的提升,并且承担的责任越大提升的幅度越大。其他员工可以采取循序渐进的方式,一开始,一个月只让他承担100~200元的责任,然后让他进入承担责任增加收益,承担更大责任就增加更多的收益的循环中。对于顽固的、一点儿都不愿意承担责任的人,立即和他终止合约。

对于企业的股东和高管也可采取不同的合约式管理,如果股东兼任高管,就要把股东身份和高管身份区分开。当他用高管身份参与企业管理时,就全都按照企业的合约规范来;当他只是股东身份时,就不需要按照企业管理制度来,只按股份给其分红即可。

另外,还有一种新型的股份合作方式——个人入股企业,不需要让他入股企业的全部项目，只占全部项目的10%；可以让他参与企业的某个项目并且占该项目的100%的权益。本质上，就是让他自己投资该项目，享受该项目100%的责任、权力和利益，企业和他是合作关系。

传统的股份制有一个弊端。比如，某人是企业的股东，占企业10%的股份，他又是该企业的销售总监。他在出差时，既可以选择每晚1000元的酒店，也可以选择每晚200元的酒店。我们不能因为他是企业的股东，就认为他会选择每晚200元的酒店，而是应该想到当他多花800元时，他个人只需要多花80元。如果一个人多花80元，就可以将每晚200元的酒店升级为每晚1000元的酒店，谁会拒绝呢？同样地，这位股东替企业节省了1万元，他只能从中获得10%，即1000元。如果别人给他5000元的回扣，他大概率会出卖企业的利益。所以在这种传统的股份制下，即便是持有50%股份的老板，都难免会徇私舞弊。

我曾见过一家上市企业的老板，由于在企业上市过程中股权不断被稀释，他只占企业30%的股份，他选择把企业的业务转移出去私下做。因为同样的业务，他在企业做挣了100万元，他自己只赚30万元；他在私下做，这100万元都是他自己的。现在还有很多老板希望通过1%甚至0.1%的股份来让员工热情地工作，这无疑是痴心妄想。

当我们把某个项目承包给个人，让他拥有100%的责权利时，则可以避免贪污问题。这时，企业和他就是纯粹的合作关系，他就是其中的一个乙方。为了让乙方和企业的合作效率更高，企业还有额外的要求，就是乙方在他管理的范围内全面贯彻落实合约式管理。因为没有实施合约式管理的合作方，企业有充分的理由怀疑他的成本虚高、质量不稳定、安全存在隐患，具有不能长期合作的风险。

企业整个供应链体系都实施了合约式管理，就能做到效率最高、最有竞争力。

生产增效十步法

一、选对人

让合适的人做合适的事,选对人是用好人的大前提。在选人方面,企业可以采取一些策略,比如,在大家还不了解企业应该如何实行合约式管理的时候,不必过多强调这一点。在招聘环节,企业可以设置较高的薪资条件,一般一个岗位需要一个人的时候,可以招聘符合条件的3~5个人来试岗,并且提供优厚的薪酬。在短期内,至少要有10~20个人愿意来应聘,再从中挑选3~5个人到企业来试岗。同时,企业要在短期内(一周以内)迅速设置一些考核条件,进一步筛选出符合企业要求的、能接受合约式管理的人,对其他不符合要求的人也要给予相应的补偿。另外,企业还可以把招聘新人面试及试用期试岗看作企业的一个宣传活动。希望这些人即使没被录用,以后也会大力地说企业的好话。企业如果把付出的这笔补偿费当作品牌宣传费,就不会觉得亏了。

企业内部还会存在人员能力与岗位不匹配的情况。这个时候，企业不一定采取直接辞退的方式。最好是根据个人的特长，重新调整岗位，如果经过几次调整都不合适，再考虑解除合约。企业要有一个理念：没有不合适的人，只有不合适的岗位。公司内部实在没有合适的人选，就放手让人到公司外部去寻找。

二、主动干

通过合约设计，企业要让每个员工都切实感受到：活是给自己干的、钱花的是自己的、消耗的工具材料也都是自己的。这样一来，员工不用督促，自己便会主动做事。这里有个检验标准：如果老板发现员工偷懒后，老板比员工还要着急，这就说明企业的合约设计得不合理。合理的合约设计应该是活没有干完，员工比老板更着急；钱花多了，员工比老板更着急；工具损坏了，员工比老板更着急；材料消耗得多了，员工比老板更着急。以前在使用错误的合约的情况下，我见到员工后说得最多的是"好好干"；而订立了新的合约后，我见到员工后说得最多的话就变成了"早点休息"。

三、分工细

已经反复强调，分工是提高效率的非常重要的手段。所以在企业内部要坚持这种做法，让每个员工都在细分的岗位上专注地做事，让绝大多数员工长期做一件事。对于一件工作，如果原来由两个人一起做，就尽量改成其中一个人做上半部分、另一个人做下半部分，而不是两个人干同样的活。企业再根据分工分别制定出质量标准和价格标准。

四、配合好

在合约设计上，要高度注意人与人之间的配合问题，做到无死角、无推诿。如果在早期的合约中，发现有死角和漏洞，要尽快补充完善并明确责权利。企业要确保在每个环节上可能出现的数量问题、质量问题和浪费问题，都能有且只有一个明确的责任人。同时，做到"三清晰"：

（1）上级清晰地知道这件事的责任人是谁。

（2）本人清晰地知道自己是这件事的责任人。

（3）上级清晰地知道责任人是知道这件事的。

五、设备好

提高效率分为两个层面：一是人的层面，二是技术的层面。在合约式管理中，企业要高度重视技术力量的发挥。要发挥好技术的作用，主要有以下几种制度设计。

第一,要快速精确地计算每一种设备的投入产出比,以此选择最合适的设备。在这里要特别注意,设备并不是越先进越好,很多先进的设备,成本反而更高。我以前在荷兰的一家花卉公司工作,这家公司基于荷兰当地的劳动力工资水平,采用了大量的自动化设备。但在国内,我们的劳动力工资水平只有荷兰的1/20。这样算下来,我们的花卉公司采用现代化、自动化的设备就不合适了,并且这种设备进口到国内的成本非常高。

第二,要时刻关注同行在采用什么设备,保持信息畅通,力求同行有的合理的先进技术,我们都能同时掌握和利用。定期安排员工到条件合适的同行企业去参观学习,避免闭门造车。

六、有机制

采用一套有效的机制,确保从工作流程到设备改进等各方面工作都能得到持续改善,避免老板抖机灵,避免个别人的个人英雄主义。实施这一机制有一个很好的办法就是在企业内部设立"优秀建议奖",这一奖项可以在以下四个方面发挥作用:①提高效率;②提升质量;③增强安全性;④提升舒适度。

在企业内部设立"优秀建议奖",鼓励员工在每个环节上都能积极发明创造,想尽办法进行改进,同时,企业为此配备相关的资金和配合人员,以确保员工的创意能够尽快落地实施。哪怕员工的创意看似匪夷所思,也不应该打击。

七、常优化

采用统筹工作的方法，定期对各环节工作进行优化，以达到最优状态。因为在工作中，有的工作需要合并，有的工作需要分解，要始终保持动态调整。无论是合并还是分解，都是为了让效率得到提升，而这背后都需要通过算账来算出投入产出比。这样的账要经常算，并且促使各级人员都养成经常算账的习惯。企业可以用定期召开研讨会的形式，研讨如何统筹安排得更合理、更科学。

八、高聚集

为了让企业的效率得到提升，要经常在企业内进行二八定律的梳理。简单来说，二八定律是指20%的项目会产生80%的成果，20%的人员会带来80%的收益。企业要经过计算，找出谁是二、谁是八，然后将资源尽量向能产生80%成果的20%的项目和能产生80%收益的20%的人员倾斜，甚至果断砍掉那些不产生成果、投入产出比为负的项目和人员。要不断地进行这种聚集性工作，提升企业的核心竞争力。不过要注意，对于培养企业的第二增长曲线的项目和人员，企业不能以这样的方式来考量。

九、缩距离

当企业内部全面实施合约式管理后，每个员工都有了充分的自主权，成为拥有100%责权利的、有主动权的个体。这时，企业可以被理解成一个交易平台：一个为员工兜底承担责任、统一面对甲方客户的平台。如此一来，客户在有问题时，就不再越过企业去找具体的员工，从而提升了客户和企业的交易效率，这也是企业存在的价值。

在理论上，只要员工拥有了相应的责权利，他们是不用到企业来上班的。但为什么大家还要聚集在一起工作呢？这是为了提高交易效率。这就像过去农村每隔10天赶一次大集一样，让需要交易的双方在固定的时间、固定的地点进行集中交易，企业在物理空间上的集中和在时间上的统一时间聚集员工，也是为了实现这个目的。当员工各自在家工作时，上一道工序的成果想交付到下一道工序，可能需要一天或更长的时间，而员工集中在一起工作时，交易时间可以降低到1秒。空间距离的极度压缩，大大地提升了交易效率。不过，企业也不能因为距离的压缩就改变企业与员工之间的合约性质。

十、精计算

企业内的任何项目投入，都要去计算投入产出比，企业内是不允许没有投入产出比的项目存在的。传统的管理理论认为，"公司内部都是成本"。这是不对的，其实，每个项目都是可以计算收益的，只不过很多成本投入的收益是间接的，不好计算而已。比如，企业搞花卉摆放以改善环境，这样的投入同样可以计算投入产出比。

管，就错了！

怎么算呢？比如，企业有100名员工，每月花1万元摆放花草，人均100元。我们可以评估一下：给员工提供这人均100元的花草带来的效果会增加员工100元的产出或节省员工100元的人工费用吗？这在很大程度上是可以实现的。如果能够节省200元的人均工资支出，就证明这1万元的投入产出比是2。当将企业内所有的投入都经过这样的计算后，我们会发现，企业内大量难以决策的事情都变得很好决策了。如果企业总的投资回报率是30%，那么经过计算后，投资回报率超过30%的项目就应该尽快投入。

然而，现实情况是，很多企业没有这样的计算习惯和计算思路。企业内还有大量的投资回报率是企业平均回报率几倍以上的项目，反反复复对其开会讨论却长期没有落实。因此，以后企业内任何部门需要进行新的投入时，都要让负责人算一下投入产出比这笔账。这笔账中包括能减少的损失，能减少的损失也是可以作为收益来计算的。

企业如何落实合约式管理

一、企业"一把手"要深刻认识到实施合约式管理的重大意义

"一把手"要认识到,从长期来看,合约式管理将为企业带来巨大收益。为此,"一把手"要在企业高层,特别是股东层做好说服教育工作,确保大家的认知高度统一。

二、对合约式管理要有充分的理解,必要时借助第三方进驻企业协助实施

理解合约式管理并不难,难的是很多细节都要处理到位,与其在处理过程中犯错才纠正,还不如请已经处理了大量各种合约的专业企业协助实施。这样做,既可以让企业节省大量时间,又可以适当转移部分内部矛盾。

三、在实施合约式管理的过程中，要遵循八字原则：合法、合理、合情、权威

所谓合法，是指所有行为都要在法律的框架下进行，虽然可以有变通，但绝对不能违法。对于需要给予员工补偿的，企业要依法给予补偿。

所谓合理，是指企业和员工实施合约前，要反复地、清楚地把各种账与员工算好，让他们意识到自己的利益不会受损。同时，企业要让他们明白，只要比原来干得好、干得多，就可以获得更多的收益，所承担的风险都是值得的。即使在某些情况下，员工会遭受一定的损失，但只要在后期努力，他们仍然可以取得更大的回报。企业还要告诉员工，合约式管理是企业坚定不移的方向，不会因为某个人、某件事而动摇。

所谓合情，是指要考虑到员工的风险承受能力和情绪波动。所有的改进都应以现状为基础，确保那些工作表现和原来一样的员工的收入不会降低。企业实施合约式管理的目的是在增量中进行分配，不动存量利益，尽量减少和避免任何人的利益受损。这将大大减少改革的对立面，减少改革的阻碍。

所谓权威，是指在已经合法、合理、合情并且充分考虑了99%以上人员的合理利益后，对极个别拒绝接受合约式管理的员工，企业要发挥权威作用，解除与这类员工的合约。但即便是在解除合约的情况下，企业也要

考虑到他们的情绪，该补偿的补偿，该安抚的安抚。要避免这些员工出去后说企业的坏话。

四、通过合约式管理，企业要建立全新的企业文化

这种企业文化是以守信、守约、担责为核心，而不是以上下级关系、管理权威为核心。员工可以自由自在地做事，完全不用看领导脸色，把目标都放在成果上。该是你的责任，你跑不掉；不是你的责任，任何人都赖不到你的头上，你的劳动成果也不会被其他人窃取。其他员工消极怠工、偷奸耍滑，不会影响到你；你自己不努力，也不会影响到其他员工。企业通过合约式管理，实实在在地在员工心目中建立起新的企业文化。

管，就错了！

把合约式管理上升为企业战略

首先，合约式管理是"一把手"工程。"一把手"必须充分认可、全力配合才能实施。可以把合约式管理理解成企业的"商鞅变法"或"改革开放"。因为要改变企业和员工之间的合作关系，从旧有的"低效合约"改变成双方可以共赢的"高效合约"。这种合约的改变，是可以在人的行为上、行为结果上，很快得以呈现的。快则一天，慢则一个月就会有清晰的表现。但没有"一把手"的充分授权，别人是做不了的。

其次，合约式管理可以给企业带来管理成本的大幅降低，大大地提升企业效率，让企业的规模优势得以发挥。很多行业在发挥规模优势时，都会受限于管理难度。管理难度越大，规模优势越难以发挥。比如餐饮企业，一个有100家门店的餐饮连锁品牌，在采购成本、租金成本、获客成本和用人成本等方面明明都是有规模优势的，但由于餐饮企业的管理难度很大，以至于发挥不出规模优势。因此，企业采用合约式管理发挥了规模优势后，可以把这种优势上升为企业战略，专注于扩大规模，提供优质、低价的产品或服务。如果是传统制造型企业,可以利用该优势,为大品牌提供OEM(代工)服务。

最后,当"一把手"能够腾出时间,专注于外部环境变化时,他便能敏锐地捕捉到外部的新机会,也能更清晰地看到企业的问题。只有内部的组织效率提升了,"一把手"才能看到新机会,企业才能具备承接能力。目前,大多数企业还是采取传统的"人盯人"的管理模式,组织效率极为低下。新的合约式管理才刚刚萌芽,能够在早期采取这种管理模式的企业还可以享受很长时间的管理红利。随着"00后"员工进入职场,传统的管理模式将会越来越难以发挥效用,有了新的管理模式的企业,就有了更大的发挥空间。

第四章
合约式管理对老板的要求

企业为什么而存在

老板成立企业的目的就是要赚钱,这是没有错的。但赚钱的方法有两种。

一种是遵循市场的逻辑,先给别人创造价值。

这种赚钱方法不仅要给别人创造价值,而且创造的价值要高于其成本,只有这样,才能体现出其意义。如果只考虑怎么创造价值,而不考虑成本,就会导致创造的价值还没有消耗的成本高,这对于社会来说既是一种浪费,也是一种不负责任的行为。因此,企业哪怕是做慈善,也要考虑成本问题。

另一种是采取强盗的逻辑,去抢夺别人创造的价值。

在这种逻辑下,企业不是通过创造价值来赚钱,而是直接去抢夺别人创造的价值。这样的企业，与其说是企业，不如说是披着合法外衣的犯罪组织，是必须消灭掉的。

重申一遍亚当·斯密在《国富论》中说的一段话："我们每天所需的食物和饮料，不是出自屠夫、酿酒师或面包师的恩惠，而是出自他们自利的打算。我们不说唤起他们利他心的话，而说唤起他们利己心的话。我们不说自己有需要，而说对他们有利。"

总想着怎么解决社会问题，而不是想着怎么遵循市场的逻辑去赚钱的企业，更容易倒闭、更容易浪费社会资源。历史上，从美好的愿望出发却最终酿成巨大悲剧的事，还少吗？

有些企业喜欢喊高大上的口号，喜欢通过包装去忽悠、欺骗顾客，对于这些企业，在这里不予置评。我要强调的是：企业就是要为赚钱而存在！

管，就错了！

管理真的难学吗

那么多种管理方法，为什么你总学不会？

先上车，后补票。

恐怕没有几位老板是先学会了管理、财务、销售，再去当老板的吧？大多数人是因为发现了某个商业机会，觉得有利可图才去当老板的。然而，当了老板以后，发现事情多到自己一个人做不完，怎么办？找人啊。在这个过程中，老板才发现管理团队怎么那么费力。

这就像许多人成为父母，不是因为他们知道怎么做父母了，而是出于对生活的热爱与期待，然后成了父母。我们常说"先上车，后补票"。问题是：车是上了，你的票真的补了吗？

一个现代的初中生具备的科学知识，或许可以碾压清朝以前所有最厉害的精英，管他是王侯将相还是状元郎。但现在的一个高考状元，甚至是博士、教授，他们写的诗能超过李白、苏东坡吗？他们的书法能超过王羲之吗？估计你说能，他们自己都不信。

这是为什么呢？

这是因为人类的知识分为两类：一类是自然科学知识，一类是社会科学知识。

自然科学知识一经发现，就很容易被掌握。社会科学知识则不然，发现了也没用，必须经过大量的练习才能掌握。正如现代战争，人们使用的先进武器是古人难以想象的。倘若用现代的武器对抗古代冷兵器时代的人，胜负几乎没有任何悬念。如果双方的武器装备一样，那么，现代的将军能打得过古代的军事家孙子吗？我看未必。

现代人打仗照样犯《孙子兵法》里说的错误。管理恰恰就像《孙子兵法》，是社会科学知识，掌握这类知识的人不见得就比古人强。

事实上，古人犯过的错，现代人依然一个不落地犯了个遍。"太阳底下无新事。"几千年前祖先们犯过的错，我们依然会犯，以后的子孙，可能依然会犯。这不禁让我们审视，我们都犯了什么可怕的错误。

管，就错了！

"人类从历史中吸取的唯一教训就是人类从不吸取教训。"

2300多年前，商鞅为了解决人民的劳动积极性问题，把奴隶变成了农民，打破了原来"干多干少一个样"的局面，变成了多劳多得。这一改革极大地激发了人民的劳动积极性，让秦国经济得到快速发展，也使秦国一跃成为天下第一强国。

计划经济时期，我们采取了土地集中制，又回到了"干多干少一个样"的局面，使得人们的劳动积极性大幅下降。

在企业管理上，这类错误也比比皆是。许多企业学华为、阿里等成功企业的管理方法，学KPI、OKR。但为什么这些企业学不会、学不好？这是因为他们往往忽视了探究它们成功的真正原因。在学习成功企业的和流行的管理方法之前，要先问问自己：它们的成功是管理的成功吗？其他企业的管理方法真的适合自己吗？

停止错误的方向

我的一位亲戚讲过这样一个故事。她在我们老家的汽车公司工作，这家汽车公司是一家国企，车票统一在汽车站售卖。然而，汽车司机发现了一个"漏洞"，在半路上车的人，如果把钱付给汽车司机，不仅付的钱比在汽车站买票少，还可以不要车票。这样一来，付给汽车司机的钱就可

第四章 合约式管理对老板的要求

以装进司机的口袋了。渐渐地，人们发现在汽车站外上车，不仅方便，而且价格便宜，于是，越来越多的人在站外上车，汽车公司的效益变得越来越差。

最终，汽车公司经理发现了这个漏洞并想办法堵住了它。怎么堵？在每辆汽车上除了配备汽车司机外，再派一名售票员负责售票。这样一来，在半路上车的人，就由汽车公司派的售票员进行售票了。结果没过两个月，售票员所收的车票钱都不够支付她们自己的工资了。原来汽车司机和售票员私下把这笔钱分了，一样收钱不给票。那怎么办呢？汽车公司又派了一个监督员到车上监督。结果呢？三个人私下分钱。为了解决这个问题，汽车公司派人在路上拦车检查，查到没有票的乘客，就对售票员进行重罚。我就经历过这样一次检查。当时，我乘坐的汽车遇到检查人员，售票员慌忙撕票给刚才没给票的乘客，企图蒙混过关。就这样层层设防，也根本防不住；就算是防住了，代价也大到难以负担。

这个问题最后是怎么解决的呢？就一招，实行承包制。汽车公司把车辆全部承包给司机，由司机自行承担所有运营费用。同时，汽车公司还公开拍卖运营线路，谁出的钱多就把路线的经营权给谁，卖票所得收入归司机。如果司机觉得自己忙不过来，可以花钱聘请售票员，实现自主经营、自负盈亏的运营模式。

汽车公司实行承包制的第一年，司机们都怕吃亏，各条线路的竞标价

管，就错了！

卖得并不高。不过因为司机们是给自己干，极大地降低了成本，个个赚得盆满钵满。第二年，汽车公司再一次举行运营线路竞标。按我亲戚所述，大家都像疯了一样，拼命加钱竞标，许多热门运营线路都拍出了天价。汽车公司实行承包制后，基本什么都不用干，一年就可以净赚几千万元。

当企业在错误的方向上不断加码时，根本不可能产生良好的效果。即使勉强管住了，其代价也是难以承受的。我们可以想象这么一个实验。假设有200辆车，其中，100辆是个人的，所有费用都由车辆所有人自己承担；另外100辆是集体的，所有费用都由集体承担。经过一年的运营，哪边的100辆车的费用低？我想大家都有答案了。个人所有车辆因车辆所有者的成本意识和责任感，其平均运营费用远远低于集体所有车辆。

诚然，集体所有车辆中也可能存在少数运营费用低于个体所有车辆的，但并不能改变整体上集体所有车辆的运营费用高于个人所有车辆的运营费用的状况。这就是事实，这就是真相，这就是企业怎么学习各种管理方法都无效的原因。

员工是成年人，需要为自己的行为负责。员工的任何行为，只需要老板管，那就错了。员工做什么、不做什么以及做成什么样，都是他自己的事。老板只需要按照合约支付报酬即可，老板和员工就是一种纯粹的市场经济合约关系。

第四章 合约式管理对老板的要求

因此，企业的一切出发点都要放在如何"不管"、如何设计出公平合理的合约上。诚然，设计这类合约需要大智慧，并非所有企业都能做到，即使设计不出满意的合约，企业也应有这样一个基本的思考逻辑：

假设这个岗位的工作，只能通过外部独立的第三方公司来承接，我应该怎么和对方签合约？

有了这个思考逻辑，企业会想清楚很多事，至少可以减少90%不必要的管理成本。

企业间的差别有多大

很多企业老板，对于别人的管理方式会有一种排斥心理。因为每家企业都有自己不同于别家企业的地方。行业不同、人员结构不同、所处的阶段不同、资源禀赋不同，甚至老板的性格、做事风格不同，都会成为自己的企业不适合其他管理方式的借口。

说到不同，企业犹如人体，每个人、每家企业都不可能完全一样。但也像人体一样，既有不同之处，也有相同之处。用科学的视角来看，不管什么样的企业管理，都有相同的地方——与人打交道。

凡是违背人性的管理方式，就不可能有好结果。只有顺应人性、从人性的底层逻辑出发关注员工所思所想的管理方式，才能让人看见一丝解决管理问题的曙光。

当我经历过建筑工地、全国最大的花卉企业、传统鞋服与陶瓷制造企

第四章　合约式管理对老板的要求

业、餐饮企业、科技型企业乃至咨询企业等多个领域企业的管理实践后，我就越发觉得，人性的底层逻辑是那么一致。看似完全不同类型的企业背后，都有着大量与人性相关的共性。正是这些共性，构成了企业管理中不可或缺的基本原则。不管在什么类型的企业中，一旦违背很多原则性的东西，必然遭受损失；只要遵循，就可以实现双赢。

强调个性不能忽视共性，反而要重视共性，从共性中找到基本的底层逻辑。在遵循这些基本的底层逻辑的基础上，再根据企业的具体情况去灵活地调整。

做老板很不容易，但在现实生活中，资源毕竟是有限的，不可能每个老板都成功，甚至绝大部分老板会失败。管理学中有一个"数一数二"法则，说的是一个品类的发展，无论有多少家企业参与其中，在激烈的市场竞争中，最后都会只剩下两家。

到底哪两家企业可以胜出？我希望是那些能穿透现象看本质的企业胜出。当然，结果也大多如此。如果老板在管理上抓不住本质，总是用大量的宝贵资源反复试错，那可能市场就不会给他太多机会了。早日退出市场竞争，及时止损可能是这位老板更好的选择。

那么有哪些不变的原则可以在管理上为企业所用呢？除了"每个人都在有限条件下，争取自己利益的最大化"外，还有什么切实可行的原则呢？有，并且有很多。比如，以下这八点。

（1）一件事不能有两个责任人，否则等于没有责任人。

（2）愿意为企业奋斗的员工，都是好员工。

（3）计件推动效率创新，计时推动摸鱼水平的创新。

（4）没有不能采用计件方式的岗位，只有还没想出来的计件方法。

（5）通过计时方式管理员工，是对员工的侮辱。

（6）别人没做好的工作不可能连累其他员工。

（7）企业要做到责权利三个100%。

（8）没有不行的人员，只有不合适的岗位。

在本书后面的篇章，我还会提到很多切实可行的原则，这些在别人看来却是极具颠覆性的原则。从现在实施合约式管理的企业来看，用创新性的合约来替代管理，可以取得不错的效果。主要有以下几个效果。

第四章　合约式管理对老板的要求

（1）节省老板90%的管理时间。

（2）节省90%的管理成本。

（3）企业内发生的任何事都有员工比老板更操心。

（4）产品质量、服务质量得到大幅提升。

（5）产品供应速度、服务供应速度得到大幅提升。

（6）不存在推诿扯皮的现象。

（7）人际关系大幅改善。

（8）人人都在用脑子做事。

（9）创新方法不断涌现。

这些在传统管理中看起来匪夷所思的变化，在我这里却成了轻而易举的事。认真读完本书，你也能马上做到。我会在书中给你提供具体的、切实可行的方法和工具，帮助你解决各类实际问题，比如，各类员工怎么管，每分钱、每张纸和每度电怎么用等。不仅有方法，还时时注意合约的运行成本。

管，就错了！

一事不过二

在管理上，许多老板最容易犯的一个错误就是因为一件事情没做好，便批评或处罚几个人。其实，一旦老板这样做了，就说明他在安排工作时，没有把责任界定清楚，无形中留下做不这件事好的隐患。

企业经常说："责任到人。"不是到狗、到树、到路，而是到人。这句话的真正意思是责任到个人。企业要把每一件事的责任都界定清楚，要让员工清楚地知道这件事的责任是不是他的、责任范围是什么。

为了确保责任到人，要做到"三清晰"：自己清晰、对方清晰、自己知道对方清晰。

日本有一个管理方法：交代工作说五遍。我觉得这个管理方法挺好的。这里的说五遍，不是指同样一句话和对方重复五遍，而是指和对方反复沟通，直到对方清楚明白：他的责任是什么？他的权力是什么？他的利益是什么？遇到问题变化时，我应该怎么处理？做这件事要达到什么目的？对其他相关部门有什么影响？

在这个环节上，不要怕麻烦。这个环节怕麻烦，后续问题将层出不穷。如果在工作中出了问题再进行补救，一定会多付出很多倍代价。如果事前不交代清楚，几乎在执行过程中都会遇到问题。

管理学中还有个责权利一致原则，它是指责任、权力、利益这三项始终是三位一体的。

在员工承担责任的同时就要同步给予其权力，并明确其可获得的利益。许多时候，上司应主动提及利益分配，主动站在下属的立场替对方着想。而不是等到事情没做好时，上司再来反思没做好的原因是什么，是权力给得不够还是利益给得不到位。这里的利益不单指金钱。

有的老板会说："我也想责任到个人，但是有些特殊情况，确实是几个人都有责任，我当然要对几个人都处罚了。"对此，我的建议是，不要有任何特殊情况。

只要分不清责任，就是上司的责任；再分不清，就是老板的责任。实施责任到人有一个好处：可以倒逼上司、老板，在安排工作时把责任界定清楚，把工作交代清楚。只要长期坚持下去，整个团队的管理水平必将大幅提升。

《孙子兵法·兵势篇》有云："故善战者，求之于势，不责于人，故能择人而任势。"

老板应掌握并运用"求之于势，不责于人"的思想，通过利用和创造有利的工作态势，把握工作的主动权，以此来提高工作效益，确保工作思路和工作方法更加符合科学发展观的要求。我认为，责任到人的"三清晰"原则（自己清晰、对方清晰、自己知道对方清晰）与责权利一致原则（责任、权力、利益三位一体）是可以帮助老板提高工作势能与管理效能的有效办法。

即使管理很复杂，我们也可以从最基本的做起。相信通过持之以恒的实践，必能有所收获。

第四章　合约式管理对老板的要求

信息影响决策

有一次我在花卉公司进行巡场时，发现一条水管轻微漏水。刚好有一名工人在浇水，我就问他："像这样漏水有多久了？"他说："大概半个月吧。"

接下来，我采取了以下行动。

我叫来场长，并拿来一只水桶放在漏水处下方，让水往桶里漏，再用秒表计时，看看一分钟漏了多少水，结果显示是2.2千克。我和场长在现场算了一笔账：每分钟流失2.2千克水，一小时便是132千克。若按一天浇水8小时计算，则日损失水量高达1056千克，即超过一吨。一吨水的成本是32元，日损失就差不多是34元，半个月就是500多元。修好这条水管也就需要花费10元，如果再拖半个月，又将多损失500多元。场长听完我算的账，感到特别吃惊。他说："我从未想过，这个小小的漏洞会造成这么大的损失。如果早知道是这样，我肯定当时就把水管修好了。"

管，就错了！

这让我不禁想到，大家都说决策难做。其实，决策难做的背后是没有信息。许多信息都被遮蔽着，如果我们没有深度思考的习惯，看见的都只是现象，成不了信息。

许多人常说："如果回到20年前，我肯定可以发财。"这是因为20年后你掌握了信息。如果你知道猪将会得非洲猪瘟，你能分析出什么、可以做什么？如果你知道将会暴雨成灾，你能分析出什么、可以做什么？如果你知道将会暴发新冠疫情，你又能分析出什么、可以做什么？带着计算的脑子、分析的习惯，真实的信息才会出现。

如果掌握了真实的信息，决策并不难做。

《道德经》有云，"取势、明道、优术"，这亦是长江商学院的校训。

它告诫我们：要通晓时势，顺应潮流；要探究规律，明晰理念；要谙熟技能，掌握工具。

这句话也被众多企业家奉为商业准则，其背后蕴含的是掌握宏观形势后决定微观操作的格局，以及一秒看透复杂事物本质的敏锐洞察力。

见微知著，防微杜渐。与君共勉！

第四章　合约式管理对老板的要求

事事都先算

做事前先算，划算不划算。

很多老板一天到晚都很忙，好像很多事离开他就不行，或者他一不出面，公司就会有很大损失。最诡异的是：如果哪件事他没有亲自参与去做或者监督不到位，他所担心的事情就会真的做不好、真的造成损失。以至于在多次验证后，老板就会说："你以为是我不想放手吗？是放手给员工处理，他就给你搞砸。"于是，老板就更加不敢放手了。这仿佛是一个无解的死循环。

问题出在哪里？出在老板爱逞能：把别人的事，揽到了自己身上。老板以为公司是自己经营的、钱是自己出的，公司里的所有事，都是自己应该做的。

这是一个多么可怕的认知误区！

管，就错了！

根据我的观察，很多公司的老板至少干了99%他不应该干的事。公司要干的100件事中，至少有99件事不是老板应该干的。要干这么多不该他干的事，老板不忙才怪呢！老板应该怎么判断哪些事是自己要做的呢？

算账！首先，老板要知道自己的机会成本。

什么是机会成本？老板因为现在做的这件事而放弃了做其他事的机会。被放弃的其他事中收益最大的那件事的收益，就是老板选择做现在做的这件事的成本，这种成本在经济学上叫做机会成本。

当老板投入的成本大于收益时，企业就是亏损的。如果老板在做事之前不仔细算账，企业往往就会亏损。企业常做亏本买卖，其效益怎么会好？

比如，员工自己开的车、自己使用的工具和材料，是由老板统一来管理更节省，还是由员工自行管理更节省？如果是由老板来管理，老板可以拿出多少时间来管理？可以管理多少名员工的工具和材料？如果是员工自己来管理，是不是会更加方便，管理效果会更好？

事实上，在绝大多数情况下，员工自己管理自己经手的东西，效果会更好。让员工自己管理，就要建立一套完善的管理机制，而不是简单地告诉员工以后这件事归他管就可以了。

第四章 合约式管理对老板的要求

虽然老板口头上和员工说东西归他管了,但员工把东西弄丢了怎么办?老板是先骂员工一顿,然后再让他买,还是直接让员工自己买?还有员工把东西弄坏了怎么办?员工浪费原材料和办公物品怎么办?员工注意节俭,节省下来的东西怎么处理?因此,老板与员工之间必须事前有一个明确的约定,并非只是口头说说。老板还要考虑,这件事是给这位员工做更专业,还是给别的员工做更专业。

很多老板都特别自信,认为自己的能力比员工强得多。自己公司的事,自己干起来是最专业的。

真的是这样吗?

实际上,公司内的大多数工作,员工都比老板更专业。老板不信的话可以把公司里的各种工作拿出来试一下,看看有没有员工做得比你更好。公司在初创的时候,老板可能是最专业的,甚至所有员工都是老板培训出来的。但随着公司规模的扩大,分工越来越细,每个岗位都有专门的员工去做,员工在某个岗位上花费的时间和积累的经验会比老板多得多,因此,也比老板专业得多。

既然如此,老板为什么不把事情交给更专业的员工来做呢?如果更专业的员工,不仅做得比老板好,还能控制成本,那老板就更没有理由拒绝了。

管，就错了！

老板应该学会放手，让员工去做事，并激发他们对工作的热情与责任感，让他们比老板更加关注工作的完成情况。甚至连设计"如何把事情交给别人管"这样的事，也可以交给更专业的员工去做，他们能比你这个老板做得更好、更省钱。

不提反对意见的原因

职位越高，利益越大，胆子却越小。刚开始，有人和老板称兄道弟，无话不谈，再慢慢地，就变得有话不敢讲、有错不敢指了。老板逐渐倾向于"我说你听"的模式。遇到这样的问题，应该怎么解决？

这个问题，只要找到了产生的原因，就可以迎刃而解。

原因是什么呢？是老板独自承担了损失，而那些和他称兄道弟的人没有承担损失，或者承担的损失很少。

我这么判断是基于对人性的深刻理解。如果大家都是股东，一起承担损失，那么，股东看到老板作这个决定有问题时，肯定会为维护公司及自身利益而指出老板的问题。

但如果员工的职位变高了、利益变多了，在面对可能损害老板利益的决策时，即便明知决策有问题，也往往选择沉默。因为如果员工提出反对意见，员工的利益就会有损失——让老板感到不满，甚至把他边缘化。员工要有多大的勇气才敢反驳老板啊！

任何人都觉得自己的决策是对的——谁都不会作一个明知是错的决定，因此，老板自然希望自己的决定能被员工热烈拥护、坚决执行。毕竟一旦公司出了问题是老板自己承担。

那怎么解决员工不提反对意见的问题呢？

一般的方法是老板可能会考虑让员工也持有部分股份，但这个方法颇为传统且不够高效。

公司有了合约式管理就不会再用过时的办法了。采用合约式管理作为解决方法就是要在具体工作中，让负责人的责任、权利、利益实现三个100%。员工把工作做好了有丰厚的报酬，把工作搞砸了要担责，真正实现收益与风险挂钩。这样一来，谁都会摒弃无谓的谦逊与退让，勇于争取应有的权力，面对不当之处亦毫不犹豫地提出反对意见。

管理力度因人而异

在管理上，选人用人是一件非常难的事。我根据多年的选人用人经验，提供一个小技巧：根据对方的反馈来调整管理行为。

比如，给员工安排工作时，让对方复述一遍工作内容，这样可以看出对方的理解能力、口头表达能力。当对方完成工作，向老板汇报结果时，老板可以问一下对方的工作思路。根据员工说的工作思路，老板可以分析他的做事逻辑。

在管理上，我提出选用与提拔人才的唯一标准就是"担责"。除了看这个人是否愿意投入所有资源来工作外，还有什么方式可以看出这个人愿不愿意担责？确实有，就是看他面对处罚时的态度。

大家在面对表扬或奖励时，心情都是非常愉悦的。当潮水退去的时候，才知道谁在裸泳。只有面对批评或处罚甚至是很重的处罚时，才能

管，就错了！

知道每个人的区别。我曾遇到过因为5元的罚款而纠缠不休的人；因为10元的罚款，对我一再请求私下解决而不要公示的人；还有同样的事情发生在别人身上，就坚决要求按规定处罚，而发生在自己身上，就一直给自己找借口的人；更有因为很小的罚款就立即辞职不干的人。我发现，人上一百，形形色色，千差万别。这些表现背后，反映的是人的思考逻辑。

如果一个人明知道自己违规了，还想找各种理由逃避处罚，这说明他担责意识不强，甚至可以说缺乏契约精神。他如果担任管理工作，遇到需要承担的责任时，很可能也会想尽一切办法去逃避责任。就算企业的合约做到了让他无处可逃，但他不敢担责，这无形中会增加管理成本，老板为什么不找一个勇于承担责任的人呢？

企业不是社会，企业是可以选择人的。企业应该多选择有共同价值观、有契约精神的人，这样企业内部的交易成本自然会大大减少。企业让有契约精神的人获得更好的收益，自然就会有更多的人愿意遵守契约。

在生活中，与人相处也是这个道理。当你发现一个人存在某种缺点时，你给他指出来，有的人会很感激你并立即改正；有的人虽然会感激你，但并不会改正；有的人会不停地狡辩，试图证明自己没有问题。

因此，在管理中，老板要根据对方的反馈来调整管理行为。懂得感

第四章　合约式管理对老板的要求

激老板的，就可以和他多说一点；只会和老板狡辩的，就多和他说点好听的，免得"得罪"了他。

面对负面信息时，你的反应是什么样的呢？

计算每位员工的投产比

在管理中,如果不能算出每个人的成本和贡献,就很容易把让你亏本的人当宝贝。

哪些情况会造成公司的人工成本增加呢?

一、对质量重视得不够

产品或服务的成本有很多项,人工成本只是其中的一项。但员工如何做,往往会对产品或服务的结果产生决定性的影响。如果员工做得不好,会让结果为零;如果员工做得好,则能带来很大的收益。在这里人工起到了杠杆作用。

比如,一件产品的成本是10元,其中人工成本是2元。如果不合理地把2元的人工成本压缩到1元,可能严重损害产品质量甚至让整个产品报废，使其价值变为0；如果把人工成本从2元增加到3元，用于提升产品质量，可能让其售价从原来的12元变成15元。

当然，这还涉及边际收益递减的问题。并非无限制地增加人工成本，就可以让收益一直增加。当人工成本增加到一定程度后，其收益就会减少到0甚至变为负数。

但是现在许多产品或服务都还有较大的人工成本增加空间。因为顾客对质量的要求越来越高，而人工成本对质量的影响又很大。

老板可以根据人工成本来判断自己企业的产品或服务质量是差、合格还是优。如果产品或服务的质量差，就要提高质量。提高质量的方法有很多种。

比如，采用更好的原材料、引进更先进的技术和设备，以及制定更严格的质量标准、更高效的工作流程等。对员工提出严格的要求意味着人工成本会有一定程度的增加。当企业经过计算发现，更高的人工成本可以带来更高的收益时，提高人工成本便是值得的。

当前，很多企业在这方面做得还不够。当一个员工不能严格地按要求制作产品或提供服务时，其给企业造成的损失往往比他的工资还要高。这就意味着有些员工即便不要薪酬，企业雇用他都是亏损的。

倘若企业没有这样算过账，可能还在担心把这样的员工辞退是企业的损失。经过算账，企业就会明白，即便再缺人，也要立即辞退这样的员工。

如果员工是因为企业以前没有这方面的严格要求，他才没有做到的，企业就要先从自身做起，提出严格要求。如果企业已经有了严格要求，而员工不接受这样的要求或没有能力按照严格的要求去工作，那么只能说，他并不适合这个岗位。

二、对隐性成本重视得不够

无论采用哪种管理方式，总会有人不理解、不接受，甚至对某些特定人群不合适。如果企业经过计算，知道制定更严格的要求、提高人工成本在整体层面上是有利的，那么就不能因为少数不适合的人而选择不这样做。

还有一种情况，企业为了减少计量成本，可能会把很多种价格合并成一种价格。这在短期内可能导致一些定价看起来不合理，但因为大家是长期合作，其长期效益是显著的。这种做法可以节省大量的计量成本，但也会有人不接受，认为自己的即时收益受到了影响。

企业在进行计算时，要特别注意隐性成本。比如，快递公司如果给快递员按每件快递的不同重量、不同距离来设定不同的价格,虽然看起来是合理的,但其背后的计量成本是个天文数字。相反,如果无论大小件还是距离远近都采取一个价格,尽管看起来不合理,但只要是随机派件,经过一段时间后,快递价格一定会趋于平均。

这样一来,就可以极大地降低计量成本。当然,这种做法会让快递员的收入在短期内出现较大波动,可能昨天赚了500元,今天比昨天干得还辛苦,却只赚了50元。这就会让有些快递员受不了,觉得这种做法不公平进而选择辞职。最终,辞职的人多了,快递公司的快递员不够用了,自然就会加工资来留住其他快递员了。

三、对管理成本重视得不够

管人这件事同样符合二八定律。20%的刺头员工往往会消耗掉管理者80%的时间,而管理者的时间成本又很高。倘若没有这20%的刺头员工,一个管理者的管理人数能多3倍。进一步来讲,这20%的刺头员工,之所以是刺头员工,是因为公司和他们本来就不匹配,他们在公司工作的积极性不高,对于会不会被辞退毫不在乎。俗话说,"强扭的瓜不甜"。对于这类员工,如果公司进行严格管理,他们一定会辞职走人;如果公司不进行严格管理,他们留在公司又会给其他员工树立坏榜样,无形中增加很多管理成本。

管,就错了!

我们常说,世上没有垃圾,垃圾只是放错了地方的宝贝。对于企业管理来说,也是如此。如果一个员工不适合你的公司,就别勉强,相信他一定能找到更适合自己的地方,别用你的好心挡住别人的财路。

第四章 合约式管理对老板的要求

企业成本过高,可以通过降薪来降成本吗

在企业的成本结构中,员工薪酬只是其中的一部分。不同企业的薪酬占比是不同的,有的企业占比高一些,有的企业占比低一些,而大多数企业的占比在10%~20%。员工薪酬尽管不占企业成本的大头,却对企业的产品或服务的整体价值起到决定性的作用。

如果员工干得好,他可以让其他成本创造更大的收益。比如,制作一件衣服的成本,除了员工薪酬外,还包括原材料、设备折旧、能耗等。如果原材料的成本是200元,而人工成本是20元,倘若负责制作衣服的员工把它制作得非常好,这20元的投入便能极大地提升那200元原材料的价值产出。相反,倘若这员工制作得不好,不仅浪费了20元人工成本,就连200元的原材料成本也被浪费掉了。

在这种情境下,员工的表现就成了双重杠杆:员工干得好,可能给公司增加10倍效益;干得不好,可能让公司的效益减少到原来的1/10。

管，就错了！

举个例子。在花卉生产的过程中，我也遇到过同样的问题。经过细致的成本核算，我发现，一盆花的成本如下：花盆2元、基质2元、土地租金1.5元、设备折旧1.5元、肥料1元以及种苗2元，再加上2元的人工成本，一共12元。如果这2元的人工成本的作用发挥得好，可以大大提高这盆花的价值；反之，这盆花就可能要被扔掉。

基于以上发现，我做了个管理优化试验。我把管理环节中原来一个人管4万盆花改为一个人管2万盆，一共测试了8万盆，管理这些花的员工由原来的2个人变成4个人。

短短3个月后，效果显著。一样的花卉产品，现在这8万盆，客户竟主动提出每盆可以多出10元购买。这3个月里，虽然因为增加2名员工而多支付了2.4万元人工成本，但是换来的是8万盆花就可以多卖80万元。用2.4万元撬动80万元，这是多大的杠杆啊！

相反，如果我选择不合理地压缩人工成本，把原来的2元压缩到1元，很可能就会出现巨额亏损。这不是危言耸听，我已经有过血淋淋的教训了。

那么这是否意味着人工成本就不能压缩了呢？当然不是，关键在于压缩人工成本的前提是不影响产品质量或者说影响产品质量所造成的损失可以通过压缩人工成本省回来。但这一般很难做到，还很可能从短期来看节省了，从长期来看却亏大了，不仅透支了品牌，还透支了信誉。

只有通过科学合理的管理规划后，在不影响产品质量甚至提高产品质量的前提下，节约人工成本才是真节约，否则很可能就是"省了盐，坏了酱"，最终得不偿失。

因此，重视员工的作用，对员工进行科学的合约式管理，发挥出员工的最大价值，是企业经营者必须面对的大问题。

管，就错了！

员工高收入，企业低成本

许多人把承包当作管理的妙招，认为一"包"就灵。殊不知，承包也是有许多限制条件的。

企业内部各部门承包后，每个部门就如同一家小企业，如果没有科学的合约式管理知识，一样会出现许多问题，比如权责不清、考核方式低效、人员冗余等。

这些问题会带来两个结果：一是成本长期居高不下；二是承包者陷入亏损。

一旦承包者出现亏损，他也就无法继续承包了。因此，大家要在承包之前，学会合约式管理的方法，清楚地知道怎么计量工作量、怎么检查产品质量，这样才能确保工作既高效又准确，还不怕员工"搞鬼"。

第四章　合约式管理对老板的要求

采用有效的合约式管理，既能有效控制成本，又能减少管理时间。

企业如果想提高员工收入，可以采取扩大管理范围和降本增效的办法。比如，我的企业以前生产一种产品，在试生产阶段，我安排了一名主管去工厂监督管理。过了一段时间，我去现场指导，通过计算，发现每件产品的人工成本是12元，并且现场观察到员工基本没有偷懒的情况。

我和助理说："根据我的经验，用合约式管理的方法，可以把人工成本控制在3元以内。"助理随即说道："那你为什么不直接以3元/件的价格承包给员工？"我解释道："按照员工现在的能力，只能做到12元/件。倘若我以3元/件承包给他，他每件要亏损9元。他有多少钱够这样去赔偿？这么赔钱，他怎么会愿意一直干下去呢？"

为了快速降低人工成本，我立即在现场手把手地教主管采用新的合约式管理方法。经过一天时间，成功把人工成本降到了2.7元一件，还让产品质量得到了大幅提升。这样一来，就等于我把此产品用3元/件的价格承包给了主管，多出的0.3元，就是主管的收入。主管负责协调工作、分配任务、控制质量、统计数量、核算员工薪酬、培训新员工以及提前准备材料等一系列工作。

主管想进一步提高收入，可以在2.7元一件的基础上，继续降低成本，并扩大管理范围。

具体的做法有很多，先简单介绍几种。

一、把多种价格合并为一种价格

比如快递行业，如果把快递员负责的每一单都按照距离远近、货物轻重、难易程度分别定价，在计量上就会变得非常复杂，计量的成本也会非常高。最好的解决办法就是在一定范围内都定为一个价格。

这看似不合理，实则非常合理。从表面上看，如果今天遇到的是一些不好配送的快递单，即便费了很大力气，可能收入仍很低；如果明天遇到的都是好配送的快递单，就能轻松赚到很多钱。但从长期来看，收益会趋于平均。我们在花场内的产品运输也是一样。近的几十米、远的几千米，运输费都是一个价格。只要长期这样做，就是合理的。再比如，公司买原材料，原材料运到后需要卸货。原来每种车的卸货价格都是不同的，统计起来非常麻烦，后来采用加权平均的办法，给卸货统一定了一个价格，再后来又采用了更好的计量方法，把卸货的人工成本都加进产品里。采用这样的计量方式，不仅极大地简化了计量成本，还提高了计量的准确性，有效避免了暗箱操作。

二、把固定的零散费用改为变动费用

很多生产部门在直接成本外，还会有很多其他费用。比如，维修费、

第四章　合约式管理对老板的要求

整理费、清洁费和装卸费。从表面上看，这些费用并不多，实则不然。一旦开了口子，这些费用就会不断升高。

那么怎么办呢？企业可以根据历史数据和实际情况评估，把每项费用都折算到产品上。比如，一年的维修费是1万元，年产量是10万件，则每件需分摊0.1元的维修费。维修费会随着产量的上下波动而波动，使得计量变得极为简单。这样一来，假如原来的计价是1元，现在改为1.1元就可以了。如果还有其他的费用项目，就一一加上去，最终计价就出来了。

这些费用可以包含工具折旧费、能耗费、低值易耗品费、管理成本费等。虽然这样做，成本会随着产品数量上升而上升，但也会随着产品数量下降而下降。因此，企业应对不确定性的能力就变强了。

三、宁愿处罚价格高点，也要让员工的工作不留尾巴

为了降低管理成本，我们在某个生产环节上规定组长在15秒内验收员工的产量、质量。

怎么做到的？关键在于让每个员工在组长验收前，自己先把数量算清楚，并按规定的要求（每层100个）把产品摆放整齐，这样组长只要看一眼就可以清楚地知道具体数量。

同时，员工自己先检查好产品质量，组长进行抽查，一旦查到不合格的产品，就对员工进行10倍处罚，并增加抽查数量。此外，员工自己负责的工具、材料、卫生维护区域，都要严格按照要求做好。在管理上，我们坚持谁的责任，谁承担。

四、公开透明、公平合理，每天公布工资情况

把各项要求在工作前公开说明，确保每位员工都能获得公平对待。在分配任务时，采用随机分配的方式，大家都是平等的。同时，我们每天都公布员工的工资情况，确保公平公正。

五、不因少数不配合的员工，影响企业的整体效率

不管什么样的制度，总是会有人接受、有人不接受，这很正常。

一方面，我们要仔细地向各位员工讲清楚新制度，争取获得大家的理解与支持。另一方面，对于仍然心存疑虑的员工，我们可以劝他们先试试看，用结果来验证新制度的好坏。还有一种情况，就是遇到怎么都不接受新制度的员工，就只能以友好的方式说再见了。

六、研究更高效的计量方式

张五常在他的《经济解释》一书中提到:"为什么许多工作采取计时而不是计件呢?明知道计时的方式会出现偷懒的问题。因为这些工作如果计件,计量成本会高到天上去。"

根据我的经验,计件的效率比计时的效率高4倍。这意味着,1个人专心干活,同时配备3个人来计量都是可行的。那"高到天上去"的计量成本,到底有多高?会高过1个人干活、3个人计量的人工成本吗?

在我的实际经验中,这是不可能的。我发现,没有不能计件的岗位,没有不能用较低的人工成本去计件的岗位。在管理工作中,一个管理者可以轻松计量10个人的工作内容,甚至大部分管理者可以做到一个人计量30多个人的工作内容。

然而,要实现这样的效果,管理者就要想到更好、更快、更科学的计量方式。比如,如果数量不好计量,可以用重量计量、用体积计量、用桶计量、用车计量。总之,有多种多样的方式可以解决计量问题。

七、加强员工的稳定性,让单次交易变为长期交易

如果企业和员工是一次性的、短期的合作,由于员工流动性大、换岗

频繁，那么沟通成本和计量成本都会大幅提高。相反，如果双方的合作是长期且稳定的合作，就能极大地降低沟通成本和计量成本。

那么如何建立长期且稳定的合作呢？

首先，收入待遇要好；其次，双方的价值观要一致；再次，要有好的合作氛围，让员工感到心情愉悦；最后，要让能力强的员工有用武之地。

通过上述7种方法，企业可以大大地提高基层管理效率。当然，在实际工作中，管理者要始终坚持实事求是，具体问题具体分析，发动群众，集思广益。

很多做法还可以先试行。在试行中，发现问题，解决问题，不断进步。基层管理效率的极大提高，将有效降低整体管理成本。

让管理者除了做好基本管理工作外，还能拿出大量时间帮助员工提高工作效率和工作舒适度。真正做到，管理者帮助员工舒舒服服地多赚钱，同时，管理者自己的收益也可以提高。

第四章　合约式管理对老板的要求

企业利益与个人利益的平衡

企业的利益和员工的利益如何平衡,才能避免博弈呢?

这是一个好问题,但我的回答可能会颠覆你的认知。

实际上,一家企业是没有所谓的"企业的利益"的。我们所说的"企业的利益",是还没有进一步具体落实的"半成品"。企业是一个机构,是没有意识的,哪里会有什么利益诉求?有利益诉求的只能是企业背后的"人"—— 一个个不同身份的、不同诉求的人,而每个人的利益诉求又是不一样的。

并不是企业好了,就对企业里的每个人都有好处。

一家企业是这样,就连一个家庭也是如此——并不是家庭好了,就对家里的每个成员都有好处。可能一个忙碌的父亲,以"我是为了家好"的

管，就错了！

名义整天在外奔波，家庭的条件变得越来越好，但对孩子的教育缺失可能会影响孩子的一生；对老婆的情感缺失，可能会让老婆觉得宁愿老公少赚点钱，也想让他在家多陪陪自己。所以，所谓的家庭好、公司好都是伪概念，都需要落实到具体的人身上。

许多把企业利益至上常挂在嘴边的老板，不是蠢，就是坏。所谓蠢，就是根本分不清企业利益是什么、个人利益是什么、企业利益和个人利益是否一致；分不清企业产品的市场和每个员工面对的工作岗位的市场不是一个市场，将两者混为一谈。

在一家亏损的餐厅里工作很努力、做得很好的服务员，她的收入理应比在另一家赚钱的餐厅里工作不努力、做得不好的服务员高，而不是相反。餐厅亏损的原因多种多样，不能把选址、菜品、厨师出品差等原因所造成的亏损，分摊到一个努力工作的服务员的头上。

同样地，当企业赚钱时，老板要分析是哪些员工、哪些事做对了才赚的钱，而不是不管三七二十一对所有人都奖励。甚至有时企业赚钱的原因并不是企业做对了什么事，只是纯粹赶上了好时候。比如前两年，猪肉价格暴涨，连带着牛肉的价格也翻了一番。此时，如果你是一家大型养牛企业的老板，你的经营方法、员工的工作状态等都没有任何变化，但你的利润可能会跟着涨了10倍。

第四章　合约式管理对老板的要求

如果这个时候你就开始大张旗鼓地给员工发奖金，并非明智之举。你应该赶紧储备资源准备过冬，以应对接下来整个行业的大亏损。

所谓坏，就是老板自己心知肚明企业的利益最终都会落到他个人的手里，因为他是企业的最大股东，是企业的最大受益人。老板以企业的名义，号召员工无私忘我地工作，这听起来是那么崇高而伟大，足以让反对的员工自惭形秽。在适当的时候，老板再拿出一点奖金激励一下员工，然后就可以更加光明正大地要求大家为企业奋斗了。这种做法纯粹是自欺欺人。老板以为这样员工就和他一条心了，殊不知员工心里明镜似的在看他表演。老板让混日子的员工照样可以得到很好的回报，那么在企业效益好的时候，就会有大把混日子的员工跟着老板一起表演；在企业效益不好的时候，他们便会如鸟兽散，没有人会留下与老板一起承担亏损。

因此，还是要踏踏实实回到问题的本质。是谁做的贡献，功劳就归谁；是谁的责任，谁就承担。让每位员工在各自的岗位做出自己的价值、收获自己的回报。同时，老板也回到自己的岗位上：定方向、找资源，收获自己应得的成果，承担自己应该承担的风险。

以上是我20年经营企业、学习经济学理论的总结。我将这些经验、理论内容总结成了"合约式管理"，就是希望大家都能在管理方面走上科学的道路，而不是把管理搞成只可意会不可言传的"艺术"。

谁不可替代

好的制度可以激发人的潜能，使坏人变成好人。

韩梅梅与李雷一同大学毕业，进入职场。韩梅梅进了一家传统管理模式的企业，工作是以时间为考核指标，即使干完了领导安排的工作，也不能早走；如果本职工作没做完，就要加班，加班可以获得加班费。几年后，韩梅梅成了部门组长，可以指导几名下属，大部分工作都可以交给下属去做。虽然企业设有各种考核制度，比如上班打卡、KPI、OKR，但基本都流于形式。员工工作做得好，就得到领导表扬；员工工作做得不好，就会被领导批评。

为了维护团队和谐，收入分配基本是论资排辈，年终奖也力求平均分配，美其名曰："团队合作精神最重要，避免个人英雄主义。"

李雷则进了另外一家截然不同的企业。企业把要做的事情、标准及奖罚机制都提前告诉他,他的收入不以时间为衡量标准,而是以工作成果和效率为标准,以结果为导向。企业还鼓励李雷以越少的时间完成工作越好,即便不到办公室也可以远程办公。李雷的收入并不会因为不去上班而减少,只会因为事情没做好而减少。如果李雷可以轻松胜任当前的工作,他还可以接受企业安排的其他工作,获得额外收入。在这里,只要有能力,一个人可以做几个人的工作,挣几个人的钱,下级的收入甚至可以比上级的收入高出好多倍。

这家企业还会组织员工学习,其目标是让员工舒舒服服地多挣钱,让员工的工作更快、更好、更舒服地完成。企业还鼓励每个人都努力工作,不断增加自己的价值,让自己变得不可替代。

试想一下:这样的两个人在这样两家截然不同的公司工作,10年后会怎么样?

企业最大的浪费是:员工没有全力以赴地工作。

让员工全力以赴地工作主要依靠管理模式。但别忘记了,"每个人都在有限条件下,争取自己利益的最大化"。人人都有惰性,并且很多人更注重眼前利益,当个人的努力不能有立竿见影的效果时,努力的动力就会大打折扣。

管，就错了！

员工最值钱的是他们的大脑。

不能让员工的大脑积极活动起来的管理，就不是好管理。用正向的及时激励，让每个员工都不停地"升级打怪"，他们就会变得越来越强大。员工强大起来后，就可以把自己和企业的雇佣关系变成合作关系。

比如，一个搞卫生的员工研究出一个超出一般人的搞卫生方法。这个方法让他不仅可以承包整个企业的卫生，还可以承包其他企业的卫生，更可以发展出一家卫生环保企业，让服务范围变得更大。

广告部门的员工，解决了公司的广告问题后，也可以成立一家广告公司，解决其他公司的广告问题。杰克·特劳特当年就是GE（美国通用电气公司）的广告部门负责人，后来独立发展出定位理论，成立了全球首屈一指的营销策划公司。

当员工变得强大起来后，企业就会获得更大的收益。以一个年薪10万元的员工为例。企业实际付出的成本往往要高于20万元。其中包含许多间接费用支出，比如办公费用、工具费用、社会保险、管理费用等。若两个人的工作，可以由一个人完成，即便这名员工拿了20万元年薪，公司还能省10万元。

员工在努力用更快、更好、更舒服的方法完成工作的时候，他所想到的好办法会逐渐从专用知识变成通用知识。其他人也会从中学习、受益，从而提高组织的整体效率。

高效的员工，在这种合约管理模式下，可以获得最大的收益。那么，员工的稳定性就会大大提高，从而降低企业与员工之间的交易费用。这种高效的合作方式，可以让企业变得非常灵活，更有利于其应对不确定性。

企业除了公开鼓励员工让自己变得不可替代外，也要公开声明要让每个员工都可以被替代。如果企业有任何一个岗位是不可替代的，那么这个岗位就可以获得企业的全部利润。所以，企业的每个岗位都要能替代。目前，员工之所以还没有被替代，是因为现在的员工还是这个岗位的最佳选择。

当双方都是彼此的最佳选择时，就是成本最低、效率最高的时候。

企业要宣扬这种企业文化：每个员工都努力让自己变得不可替代；企业努力让每个员工都可以被替代。

合约式管理有四个目标：

（1）物尽其用。

管，就错了！

（2）人尽其才。

（3）老板解放。

（4）企业长青。

第四章　合约式管理对老板的要求

企业内部市场化的难点

经济学家罗纳德·科斯在《企业的性质》一书中描述过:"企业之所以存在,是因为它降低了社会交易成本。当内部交易成本超过外部交易成本时,企业规模便停止扩张。"

这被称为交易成本定律。

这段揭示企业本质的描述特别重要,但也不是很好理解。我试着用大白话给大家解释一下:每个人都是个体户,都是为自己而工作。大家一同遵循社会化大分工的原理来合作生产。这样做,个体户的积极性最高,管理成本也最低。

比如,在生产鞋子的过程中,我就负责打孔这道工序,剩下的100道工序由其他个体户负责。但这样就会带来另一个问题:交易。每个人干的活都要与其他人进行交易,而如果交易的方法不合理,那么交易的成本就变得很高。很可能的结果是我打了1个小时的孔，却要花7个小时去和别人交易。

这就像我们经常看到在路边有小商贩摆着二三十块钱的菜，一天可能都卖不完，而采购这些菜所花的时间可能还不到1小时。还有，这些"个体户"是在自己家里生产，还是集中在一起生产？如果都是各自在自己家里生产，那还要加上交通成本。如果是集中在一起生产，谁来集中？怎么协调？这些问题的出现，就让企业诞生了。

企业专门提供一块场地，把大家组织到一起，按生产流程有序排列。这样上游生产好的产品就可以直接送到下游，省去了讨价还价的环节。企业按工作时间、产品数量和质量给大家发工资，大家只管专注地干活就行了。这样一来，虽然会降低一些员工的积极性，但可以节省天价的交易费用。两相对比，如果是让大家集中起来更划算，那就集中起来，成为一家企业；如果因为企业规模变大了，企业内部交易成本也在不断飙升，最后算下来还不如大家各干各的互相做买卖更划算，那就分开来干。

更常见的情况是：部分环节分开。比如，100道工序的前20道工序是一家企业在做，中间的50道工序是第二家企业在做，最后的30道工序又是另一家企业在做。具体一家企业要做多少道工序，都是在市场竞争中不断地动态调整的。如果一家企业不管是做多了还是做少了，只要没有了成本优势，很快就会在市场竞争中败下阵来。

这就引发一个思考：一家企业的规模到底应该多大？企业的规模大小是由什么决定的？

先来看看第一个问题：一家企业的规模到底应该多大？

如果企业老板会做精准的成本核算，并且知道外部市场的采购价格，原则上自己企业内的任何产品或服务的成本如果高于从外部购买的成本，这项产品或服务就应该从外部购买。企业只能保留低于外部采购成本的项目，这就是企业应该有的规模。

现实的问题是：大多数老板对大多数项目的成本都核算不清，既不知道自己的成本，也不知道外部的价格。因为老板到外部去搜寻价格、判断质量也是一项成本，这项成本要加到外部采购成本中去。这种信息的不对称，让老板搞了一笔糊涂账，在不知不觉中把企业的规模扩张至超出合理范畴，最终造成了亏损。

因此，如果老板能算清楚账，就能知道企业的规模应该多大了。

用这个标准来看，现在的大多数企业都超出了应有的规模，都需要进行"瘦身"。

另一个问题，企业的规模大小是由什么决定的？

管，就错了！

从算账的角度来看，老板知道了企业的规模应该多大，但不可忽视的是，内外部的成本在不同企业之间的差别巨大。例如，两家企业生产同样的产品，一家企业的生产成本可能比另一家低很多，那么成本低的企业的规模就可以大很多。

在花卉行业，流传着一个"50人魔咒"。它是指一家花卉企业的规模很难超过50人。别看全国花卉市场的规模有几千亿元，但99%的产品都是由个体户生产提供的。为什么？就是因为花卉生产的管理难度太大，组织大规模生产带来的规模效应会被人数增加带来的管理成本（内部交易成本）消耗掉，并且是在不到50人规模的时候就被消耗掉。但当我采取了全新的管理模式之后，花卉公司的人数可以达到5000人，同时仍比个体户有成本优势。

因此，企业的规模大小与管理水平息息相关。如果随着企业规模的扩大，老板的管理水平不断提高，同时保持成本优势，那么企业的规模就可以不断扩大。如果老板采取了合约式管理的全新模式，理论上，企业的规模可以无限扩大。但这时对企业的定义也发生了变化，原则上不能再称为企业了，应该称作"交易平台"。

回到问题本身：企业内部市场化的难点到底是什么？内部的交易成本应该如何控制？对于大量的、琐碎的工作应该如何"选量计价"？如何计量才能让成本最低、效果最好？

　　企业在用任何方式选量计价时，都要首先考虑计量成本。就像买房的关键是位置一样，选量计价的关键是成本。

管，就错了！

安全问题怎么解决？

安全问题的解决不能靠人海战术。

许多企业的安全隐患实际上比老板自以为的大得多。

我们在考虑安全问题时，同样要遵循计算投入产出比的原则，但我们往往会低估了潜在的安全隐患，抱有侥幸心理。有人觉得我在安全问题上太小题大做、太严格了，但当你数次经历熊熊大火在你眼前燃烧，热浪冲得几十米开外都无法靠近，财产在一瞬间化为乌有般的惨痛教训后，你可能会比我还要严格。

但我不希望老板通过亲身经历损失来获得所有教训，这样的代价未免太大了。当我们能客观地衡量出风险会有多大、损失会有多大时，我们才会在预防上下大力气，投入该投入的成本。

要解决安全问题,除了需要投入资金外,还必须有科学的、可靠的方法。

有的老板企图通过对全体员工的教育,让大家都承担责任来解决问题。殊不知,这恰恰是造成问题的根源。

没有具体、明确的责任人,是最大的隐患。人人都负责,本质上就是没有人负责。

没有具体、明确的责任人,是最大的隐患。人人都负责,本质上就是没有人负责。

没有具体、明确的责任人,是最大的隐患。人人都负责,本质上就是没有人负责。

重要的事情说三遍!安全问题如此重要,绝不能靠一哄而上的人海战术。

安全问题需要从细节、从流程规范抓起。

不是出了问题老板才去追究责任,而是即使不出问题,只要行为不规范,有了安全隐患,就要追究责任。不过,不规范的行为不一定就有问

管，就错了！

题，它可能是把发生的问题的概率从万分之一提高到了百分之一。

就像酒驾行为，虽然不一定马上就出问题，但是出问题的概率大大提升了。不能因为有人没喝酒就发生了交通事故，有人每次酒驾却从未出事，就鼓励酒驾行为。我们一定要有概率思维，尽可能降低风险概率，从行为规范做起，平时要模拟并制定应对各种突发情况的预案。

面对突发情况时，明确谁需要前进，谁需要后退。当第一责任人不在现场时，必须迅速确立谁可以马上成为第一责任人，在危急关头，如果我们依靠的不是平时的预案而是临时拼凑的组织，依靠的不是科学而是热情，那么后果将不堪设想。

只有让每位负责人意识到责任是他的，没有人会替他背锅，才能让他真正负起责任来。

同时，发生突发情况时，让该撤离的人马上撤离，也是降低损失的重要手段。知道什么时候撤离，知道怎么有序地撤离，这也是一种重要的能力，是需要练习的。我们要科学严谨地分析每个环节的安全风险，制定并严格执行降低风险的规范流程，通过反复测试把风险扼杀在摇篮里。

作为老板，在企业没出事的时候，要制定好奖惩制度；一旦企业出了事，要把安抚工作做到位。这样才能获得负责人的信任与托付。

管理者的时间成本

老板，千万别瞎忙了。

老板做管理工作看起来千头万绪，实际上是有规律可循的。但可惜的是，绝大部分老板没有梳理工作的习惯，不知道自己的大部分时间都是被浪费掉的。

管理是指通过他人达成目标。

既然是通过他人，就不是老板自己干，老板的核心任务就是通过他人达成目标。

第一，梳理清楚交代别人去做的事。

准备交代别人做的事是什么？要做出什么效果？需要别人什么时候完

成？什么样的人可以做这件事？有没有目标人选？如果这件事做不了，有没有替代方案？

如果老板事先没有把这些梳理出来，还怎么交代别人做事？

第二，找到合适的人。

根据工作的难易程度，找到合适的人。

企业提供的工作岗位一般都是长期性的工作，一旦选到合适的人选，往往能合作很多年。但是，选择合适的人，真的很难，用尽方式考察都不一定找得到合适的人选。因此，最好的方式就是试用一段时间，发现不合适就及时换掉。

记住，沉没成本不是成本。长期留用不合适的人，才会造成更大的损失。

试用后发现某个员工不合适，在换另一个员工前对上一次的不合适人选进行一次复盘，看看找下一个员工时需要作哪些调整，比如，是否需要调整薪资，是否需要提高学历要求。

第三，把工作交代清楚。

第四章 合约式管理对老板的要求

这是很多人特别容易忽视的地方，因为信息不对称。老板以为交代给员工做的事，员工一下子就明白了，其实他不一定明白。有一个"安排工作说五遍"的工作法非常好用，也就是说，老板交代员工做事，要反复交代，到最后要让员工能亲口答出这七点：

（1）我要做什么？

（2）我应该怎么做？

（3）这份工作的要求是什么？

（4）需要做什么配合？

（5）如果遇到意外情况，应怎么处置？

（6）我把这份工作做好了，可以获得什么利益？

（7）如果我做不好，会有什么处罚或损失？

第四，同样的事情，不允许重复发生。

这是浪费管理者时间最多的地方。

管，就错了！

有的企业老板现在还在处理10年前就已经处理过的事。比如，看到水龙头漏水，便大惊小怪地骂人。殊不知，这样的事他在10年前就骂过了，并且这10年间，类似的事反复发生，但结果如何？依然没有丝毫改变！

我们用同样的方法处理同样的事情，在这之前就已经证明过无数次这样是解决不了问题的。如果这次依旧没有改变方法，那么问题仍然得不到解决。一个问题发生后，我们寻找一个方法去解决这个问题，如果这个问题解决后还是会再次发生，我们就一定要改变解决这个问题的方法。

如何改变？以下几个思路供大家参考。

一、弄清楚问题的真正性质

有时，我们以为问题是这样的，但可能本质上根本不是。比如，某名员工经常迟到，处罚的效果很差，我们可能以为是这名员工的个人素质差的原因。但其实原因可能是这名员工不想干了，已经在找其他工作准备跳槽了。这名员工不想干的原因，可能是现在给他安排的工作根本发挥不了他的特长。安排给他的工作之所以发挥不了他的特长，可能是因为给他安排工作的管理者根本就没有好好了解这名员工，而这位管理者之所以没有好好了解这名员工，可能是因为这名员工的工作安排得好不好和他没有什么利益关系。

如果我们不能一层层地抽丝剥茧，把问题的真正性质搞清楚，就永远只能"头痛医头、脚痛医脚"，问题只会没完没了。实际上，如果我们坚持刨根问底式的问题处理方式，就会发现，很多问题都有共性。只要把一个问题刨了根，就可以解决这一类的问题。

二、运用合约式管理的知识

合约式管理里有大量的提高管理效率的知识，其目的是最终实现用合约替代管理，把管理终结。比如，通过合约设计让一些岗位的费用固定包干，员工使用超出的部分自己承担，节省的部分留给自己，这样一来，即使节省得再多，也是光明正大地拿，而不是贪污受贿，企业也可以节省大量的监督成本。

三、处理好自己应该做的事情

我们可能很难想象，如果换一个角度去思考，我们经常处理的问题至少有99%都是不需要我们去处理的问题。

教训的故事

以前企业为了运货，买了5辆大货车。为了管理好这5辆大货车，企业可谓是绞尽脑汁。5辆车、10个司机，企业不仅每天要监督他们的工作情况，还要监督车辆的各种费用。即便投入了大量精力，管理效果依然很

管，就错了！

差，车辆还经常出故障。经过调查才知道，原来司机和汽车维修厂的老板存在利益勾结，司机可以拿20%的维修回扣。为了管好这5辆大货车，即便后来换了十几个司机也解决不了问题。最后企业决定直接把5辆大货车卖掉，请外面的汽车运营商来运输，并且采用公开竞标的方式，使问题一下子就彻底得到解决了。

这件事带来的教训是，在错误的方向上，无论怎么努力都没用。如果用这个思维再来排查企业里的事情，就会发现，有99%的事都不是老板应该做的。

有些事，我们不该做，也做不好。我们做了太多不该我们做的事情，结果没有做好我们该做的事情。所以，学会放手，是一种智慧。

在时间运用上，有个机会成本的问题：你选择将时间投入某一活动时，就必然放弃了其他能给你带来收益的活动。你要知道你的时间投入在哪里才能实现收益最大化。如果你的时间是一天收入1000元，即便你完成某项任务仅需一天，交给别人去做可能需要两天，但如果对方的时间价值相当于一天200元，哪怕对方一天的时间价值相当于收入490元，你把工作交给对方去做都是划算的。每个人都有自己的比较优势，比较优势中的"比较"是指自己和自己比。

只有当我们能理性地把这些账都算清楚，把时间花在能产生最大价值的地方时，我们才能说自己的时间没有被浪费。

不要越级管理

越级管理的问题有很多,主要的问题有以下三点。

一、成为摆设

当你越过下级去管理他的下级的时候,这样会让你的下级成为摆设,白白地增加管理成本。我们要思考:和下级签订合约的时候,他的责任、权力和利益都确定好了吗?做到责任、权力和利益三个100%了吗?如果下级做到了,那么你为什么还要去越级管理呢?如果下级没有做好,他就应该承担他的责任;如果他已经承担了自己的责任,就无须再越级承担责任。如果我们没有把合约订好,造成了不越级管理就难以实现管理目标的情况,那么我们就要从修改合约开始,并且要为之前没有制定好合约内容而承担自己相应的责任。要做到让所有的管理者都能实至名归,发挥其最大效能。

二、丧失信心

当上级越过自己去管理自己的下属时，管理者的信心会因此遭受重创。管理者要么觉得是自己没有能力做好管理工作，上级才会越级管理；要么会对上级感到失望，从而对公司感到失望、丧失信心。因此，老板要有一个新观念：下属的下属并不是你的下属。

三、丧失权威

对于被越级管理的管理者，他的下级会因为更上一级的越级管理而不尊重自己的上级，觉得自己的上级权威性不够，导致下级也喜欢越级汇报。这样一来，管理者的管理难度会变得更大。

在管理工作中，如果老板发现一些管理者能力不足，我们可以通过指导工作给他提出建议或组织学习会、研讨会给出合适的方法，以提升下属的管理水平。但是该让管理者承担的管理责任还是要让他自己来承担。

为了挖掘下级团队中的各种人才，我们可以经常组织学习会和研讨会，通过大家的发言来考察大家的能力，或在实际工作中不断地观察他们的工作表现，以此来发现人才。不过不能通过越级管理去实现这些目标，否则只会适得其反。

第五章
合约式管理的应用

程氏认知层次模型

人们认知水平存在差异，不同认知层次的人往往很难做到相互理解。根据人们的认知水平，笔者参考马斯洛需求层次理论，做了一个程氏认知层次模型（见图3）。

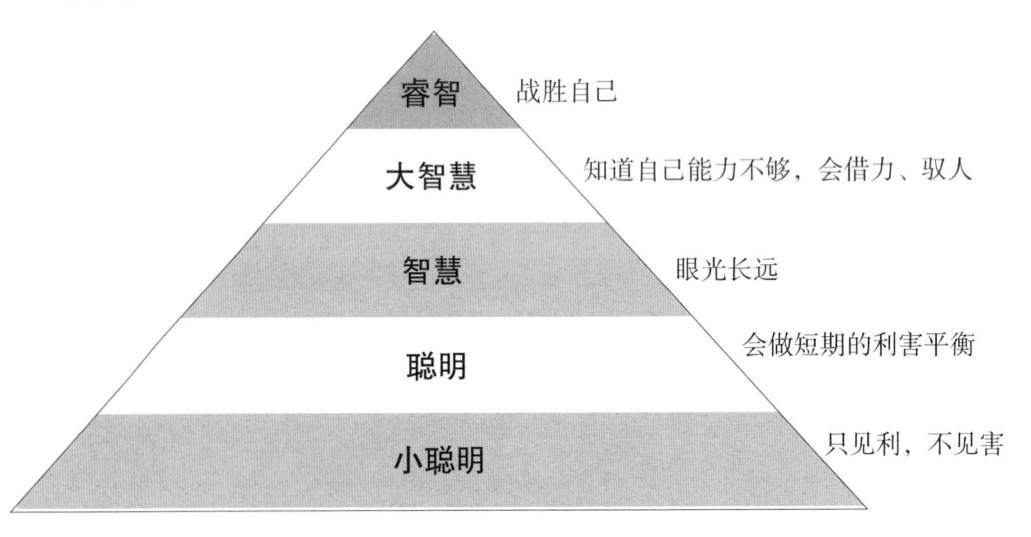

睿智　——　战胜自己
大智慧　——　知道自己能力不够，会借力、驭人
智慧　——　眼光长远
聪明　——　会做短期的利害平衡
小聪明　——　只见利，不见害

图 3　程氏认知层次模型

第一层：小聪明

在最低认知水平层次的人，往往只见利不见害，也就是我们常说的容易被利欲熏心的人。用古代的一个小故事就能说明这个问题。有一天，一个人在熙熙攘攘的大街上抢夺金子，被众人抓住痛打一顿后送到县衙。

县太爷问他："你为何敢在如此多的人面前抢夺金子？"

此人回答："老爷，真的冤枉啊，我根本没看到有人，我只看到了金子。当拿到金子被别人痛打的时候，我才知道有那么多人。"

在现代社会，也会有这种类型的小偷。他们在某一天到街上偷了一部手机，拿去卖了2000元，再找一家馆子去挥霍一番。这些人是绝对看不上那些踏踏实实在工厂里拧螺丝、在大街上送外卖的人的。他们觉得这些踏实工作的人好傻，辛苦工作一天只能赚100～200元。这就是小聪明人的思维逻辑。

第二层：聪明

大部分人都属于聪明人，聪明人的特点是：既知道利，也知道害，不会像小偷一样只看眼前的利，不管潜在的害。他们虽然知道工作很辛苦，收入也不高，但更清楚犯罪的后果。他们在利害方面会做一定的权衡，所以我把这类人称为聪明人。

第三层：智慧

比聪明人更高一个层次的是有智慧的人。有智慧的人和聪明人的区别是什么呢？比如两个同样聪明的人都在一家工厂拧螺丝，他们的孩子都是初中刚毕业，他们可以选择让孩子读高中进而读大学，也可以选择让孩子就此辍学上班。选择让孩子辍学上班的人，他的孩子在七年后可能在家乡盖了一栋不错的房子、娶妻生子。在这个人看来，选择让孩子读高中进而读大学，要花费七年时间，还要花费20多万元学费，同时又少赚了20万～30万元工资，这种做法是很不划算的。但如果我们从孩子一生的角度来看，第一个七年，读大学的人不赚钱还要花钱，收入方面自然输给了辍学上班的人。到了第二个七年，读完大学的人的收入就能和辍学上班的人的收入持平了。再到第三个七年，读完大学的人的收入就比辍学上班的人的收入多了。

同样，如果在工作中，个人只考虑眼下是否可以多赚一些钱，可能就会放弃需要花钱的学习。比如，今天晚上，你可以选择去唱歌、喝酒，也可以选择加班赚加班费，还可以选择读书学习。在不同的选择下，假以时日，就会看到不同的结果。选择喝酒的人，获得了眼前的快乐；选择加班的人，获得了眼前的金钱；选择读书的人，在未来大概率会获得更大的回报，这个回报可能是其他人的10倍、20倍甚至100倍。

当一个人把一生当作整体来规划的时候，不只看到眼前的利益，还能看到长远的综合收益，甚至是下一代长远的综合收益，我把这类人称为有智慧的人。

第四层：大智慧

比有智慧的人更厉害的是有大智慧的人。所谓大智慧，是指一个人发自内心地明白，自己再努力、再厉害，一个人的力量也是有限的。要想完成自己的伟大使命，需要借助更多人的力量。借刘邦的例子来说一下。

刘邦总结自己能在秦末乱世中夺取最后胜利的原因，认为这并不是因为自己的能力有多强，而是因为他能把当时天下公认的三大豪杰张良、韩信和萧何悉数招至麾下，为己所用。而他的最大竞争对手项羽，尽管个人能力极为突出，但连手下唯一的谋士范增都容不下，最终走向失败。在当今社会，李嘉诚等人之所以能成功，基本上都是用人方面的成功。我把这些人称为有大智慧的人，他们能够调动几万、几十万甚至千百万人为实现一个共同的目标而奋斗。

第五层：睿智

比有大智慧更高一层的人，我称之为睿智的人。睿智的人和有大智慧的人有什么区别呢？一个人在富有四海、权倾天下的时候做了一次体检，他突然被医生告知罹患不治之症，生命只剩下1年的时间。如果在面临这样的局面时，他还能非常坦然，甚至像往常一样愉快地度过最后1年，我把这样的人称为睿智之人。睿智的人既能战胜天下，也能战胜自己。他们明白时间与生命的意义，知道100年和1年并没有本质的区别。在有条件时，他们可以飞黄腾达，做出辉煌的成绩；在没有条件时，他们也可以让自己保持宁静祥和。

这样的人我认为能够称之为睿智的人。成为一个睿智的人，也是我人生的至高追求。

当我们回头看从小聪明、聪明、智慧、大智慧到睿智的五个不同层次的人时，就会发现，不同认知层次的人是很难互相理解的。一个小偷难以理解一个捐款的富豪：自己有这么多钱，自己拿来用不好吗？为什么那么傻，要捐给别人呢？更让小偷难以理解的是：这么傻的人是怎么发财的？

在合约式管理中，老板要通过员工的各种行为、语言来判断员工所在的认知层次，并根据他们所在的认知层次，给他们设定合理的合约条款或决定要不要与他们合作。

对于处在小聪明层次的人，要尽量避免合作。因为这种人很容易做出急功近利、损人利己的事。

第五章　合约式管理的应用

对于处在聪明层次的人，如果他们没有达到更高的认知水平，一时半会还没有办法考虑更长远的利益，我们就要尽量给予他们及时满足，包括工资、奖励等，最好能当天兑现。对于他们来说，今天得到的100元可能会胜过一年后得到的1000元。

对于有智慧、会考虑长远利益的人，我们可以和他们进行深度捆绑、长期合作，并对此类人进行培养。

对于处在大智慧层次、希望借助别人力量的人，我们要和他们进行长期战略捆绑。如果这类人的能力足够强、条件足够好，我们还可以考虑让这类人成为我们的领袖，我们甚至可以作为追随者追随他们，不一定要分清谁为主、谁为辅。

睿智的人是可遇不可求的至宝，我们可以称之为得道之人。我们可以把这样的人当作一生一世的偶像或导师，把他们的信条作为标杆，以期自己的人生也能进化到如此境地，修得圆满人生。

落实合约式管理的四大原则

一、合法

企业要严格遵守所在地的法律法规，必要时可请相关律师介入审查合约是否符合法律规定。在我国，尤其要遵守《中华人民共和国劳动合同法》的规定，如有必要，可以通过修改合约的形式来遵守法律规定。企业在招聘或辞退员工时，也需要按法律法规来办理。

二、合理

在制定每份合约时，都需要进行一次严格的沙盘推演。在沙盘推演的过程中，要反复进行换位思考，以使合约双方的利益都得到满足。只顾及一方利益的合约，必然无法正常实施。因此，沙盘推演是以"每个人都在有限条件下，争取自己利益的最大化"为前提的，假设员工期望自己的利益最大化，那么在签订合约之前，他应该着重考虑以他的认知水平做什么才是对自己最有利的，同时也要考虑到他的做法是不是有利于企业。

三、合情

要充分关注每个员工的风险意识和风险承受能力。有的人可以承受较大的风险压力，一旦推行新合约，这些人往往容易接受新合约。而有的人风险承受能力较弱，可能一时无法接受新合约。

这就需要给予暂时还无法接受新合约的员工一定的过渡期，让他们在过渡期内，可以自由选择用新合约还是旧合约。

同时，通过新旧合约的对比，让他们看到新合约的好处，从而主动接受新合约。

四、权威

在98%的员工都能够接受新合约且已过了过渡期的情况下，如果还有极少数员工难以接受，那就只能中断合作关系。毕竟合约双方都可以自由选择是否继续合作。不过，中断合作关系也要按照法律法规处理，并尽量减少潜在的负面影响。

如何验收合约式管理的成果

一家企业的合约式管理落地实施得如何,可以从人、财、物三个方面来检验。

一、人的方面

企业详细检查与每个员工签订的合约是否都责任到了个人而不是班组,是否实现了责任、权力和利益三个100%,是否做到了让员工拿剩余。

比如,当员工超额完成任务时,是否能享受到由此带来的所有成果;他人的责任问题,是否会牵连到自己;员工个人努力的成果是否会被他人窃取;还有,员工是否清楚地知道自己的责任范围,以及在该范围内拥有的权力与可以获得的利益。在随机抽查时,企业要确保每个员工都能够亲口说出自己的责任和权力。这里的员工不单是指一线员工,而是指一线员工、管理层人员和办公室人员等在内的全体员工。

二、财的方面

企业检查经由所有员工之手花出去的钱，是否做到了"花自己的钱，办自己的事"。所谓"花自己的钱，办自己的事"是指企业先固定好某件事的预算，以及对这件事的具体要求，然后由员工自主决定这件事应该如何花钱。如果员工因为处理这件事而超出预算，超出预算的费用由员工自己承担。如果员工节省了预算，那么省下来的钱也全部归员工自己。

企业要的是员工所提供的产品或服务的具体成果，只要是合法的，且达到了企业的要求，企业就不会再过问其他。企业可以通过检查财务的核销凭证上的签字来查验是否还有经员工之手办事的情况。如果是金额大、重要性强、非常核心的事项，可以由老板根据自己的时间成本来决定是否由自己出面采购，这样做也符合"花自己的钱，办自己的事"的原则。

三、物的方面

企业对所有物品进行地毯式检查，确保每一种物品都有具体明确的责任人。如果还有物品没有明确责任人，具体包括固定资产、低值易耗品、原材料、耗材和水电气等，那么就要视这类物品的责任人是企业老板。

管，就错了！

企业老板在对这些物品承担责任的时候，要仔细计算自己的时间成本，计算将同样的时间花在管理这些物品上划算还是花在其他地方更划算。

从过往的经验来看，企业内将绝大部分物品交给员工管理是更划算的，原因有三点。

①员工的时间成本往往更低。

②员工在企业内的时间更多。

③员工在管理物品上比老板更专业。

企业通过对以上人、财、物的检查，把合约式管理落实好，基本上可以减少老板在管理上所花的90%以上的时间，可以让老板集中精力把时间花在更有价值的事情上，让老板在定方向、找资源、搭班子等核心工作上回归本位。

合约式管理在生产型企业的应用

广东某陶瓷企业

该陶瓷企业的原料车间有很多台大型高能耗设备，由车间员工来操作。车间员工普遍觉得工资水平太低，有辞职想法。人力资源部门在现场和车间主任沟通后了解到，每名员工的理想工资是在现有工资水平上再加1000元左右。于是，企业采取了把员工所操作设备的电费承包给员工，按以前的单位产量来计算费用的方法。由于供电公司将电费分为按高峰时段、低谷时段、平段三种不同标准计价的电价，在企业将电费承包给员工后，员工普遍改在电价低谷时段工作。这样一来，平均每名员工每个月多赚了1500元电费，员工的稳定性大幅提升，且员工非常愿意配合企业的各项工作，企业也没有比原来多花一分钱。

除此之外，在该企业的注浆车间，由于工序和技术相对复杂，长期以来次品率一直居高不下。在原来的质量管控方式下，如果出现次品，员工只是损失少量工价（1元）。在采用新的合约管理方式后，如果出现次品，员工损失的是该产品的全部成本（30元）。相反，如果员工在工作中减少了次品，也一样可以得到每件产品30元的奖励。该方法实施一周后，注浆车间的次品率降至原来的1/10，员工的收入大幅提升了，同时，企业的利润显著增加，真正做到了企业与员工双赢。

苏州某高科技箱体制造企业

该公司生产的箱体是军工用品，不仅成本很高，对质量的要求也很高。由于原来公司的质量检测很严格，因此产品的次品率一度高达15%。在运用合约式管理后，该公司把人工成本占比从原来的30%降到15%，员工平均工资从原来的6000元/月提升到了9000元/月；员工的工作自由度也大幅提高；产品的次品率也从原来的15%降到了1%以内，产品质量稳居国内行业第一。

温州某大型鞋企

该公司一共有三个生产厂，其一厂率先采用合约式管理。在采用合约式管理2个月后，董事长在检查产品时，能轻易分辨出哪些产品是一厂生产的。别人问董事长是怎么看出来的。他说："现在一厂的产品不可能再找到过去常见的瑕疵，而其他两个生产厂的产品仍会存在不同程度的瑕疵。"除此之外，一厂在采用合约式管理后，不仅生产成本降低了、产品质量提升了,而且员工的劳动积极性也大涨。该公司原来一直采用阿米巴模式,现在已经全面实施合约式管理。

合约式管理除了在生产型企业中有着很好的应用外,还可以应用在咨询企业、餐饮企业、互联网企业、教育培训企业、医院等各类型企业和组织中。

管，就错了！

合约式管理在餐饮连锁企业的应用

目前，餐饮业的形态还是以个体的单店为主，比如国内餐饮第一品牌——海底捞，它的市场份额连1%都不到。可以说，餐饮业的集中度是相当低的。

一般来说，竞争充分的品类在经过足够长时间的竞争后，会出现二元格局，即两个最大的品牌基本垄断市场，第一品牌的市场份额在50%左右，第二品牌的市场份额在25%左右，其他品牌则基本没有存在感。

当然，由于餐饮业有足够多的细分品类，比如各种菜系（粤菜、鲁菜、川菜、湘菜等）的菜，各种形式（正餐、便餐、快餐、小吃、夜宵等）的菜，所以有很多品类机会。

但目前各个品类的集中度都不高。为什么餐饮业在经过多年的充分市场化竞争后，还是如此分散呢？我认为，最主要的原因是餐饮业的管理难

第五章 合约式管理的应用

度大。

企业的规模优势抵不过规模带来的管理难度增加。

从餐饮业的特点可以看出，餐饮业具有明显的规模优势。在采购各种原材料时，采购量大的比采购量小的更具优势。

单一的小餐馆买什么都不方便，相较于连锁餐饮，其采购价格会高不少。而连锁餐饮的品牌则占尽优势，通过连锁品牌，这些企业能够大大降低获客成本，甚至在与上游物业的谈判中能使其大幅降低租金。例如，海底捞的租金成本占总成本的5%不到，而餐饮业正常的租金成本要占到总成本的20%～30%。

为什么餐饮连锁品牌具有诸多优势，却发挥不出来呢？原因在于管理的难度太大，以至于相同类型的大餐厅，尽管菜品的售价高于个体餐厅，但盈利依旧困难，相比之下，个体户的小店虽然价格较低，却能实现盈利。许多大餐厅的大厨拿的都是基本固定的工资，在食材和各种耗材的使用上大手大脚、浪费严重，这种浪费也进一步加剧了餐饮店的经营困难。

海底捞的成功，与其说是品牌的成功，不如说是管理的成功。但海底捞的管理模式很难复制，就像那本流传甚广的书《海底捞你学不会》所说的那样，即便把海底捞的管理模式告诉你，你也学不会。作为餐饮人，你

管，就错了！

仍会为管理所困。现在，餐饮业甚至各行各业的人都蜂拥到海底捞取经，以至于有人说，海底捞是被餐饮同行吃上市的。

那么多向海底捞学习的人，又有几个学会了呢？

餐饮企业要想做大做强，就要抓住"管理"这个"牛鼻子"不放，研究出一套既适合中国餐饮业又可以轻松落地的管理模式。合约式管理就是一套符合中国国情的管理模式。这种管理模式既适合劳动密集型的企业，又能运用到餐饮业中。通过人人计件的方式，充分调动每个人的积极性，并用简化计量的方式大幅降低计量成本。10分钟就可以让每个员工清楚地知道自己当天能赚多少钱、餐厅当天盈利多少，且能够具体到每一分钱。简单高效的质量管理体系能够确保质量无忧，提高管控效益。

通过责任到人，让员工比老板更尽责，使餐厅里的每滴油、每片菜叶、每双筷子、每杯水、每度电、每分钱都不被浪费。人人都在思考着如何提高效率，天天都在想办法比昨天干得更好，事事、时时关注投入产出比，连添一块抹布都有科学的计算方法。

合约式管理秉持简单好落实的原则，降低了90%以上的管理成本，快速改进了餐饮业的管理现状。

合约式管理的基本原理非常简单，它是以张五常的经济学理论为理论

第五章　合约式管理的应用

体系，处处体现着经济学的基本原理。在具体方案设计上，合约式管理能真正体现多方共赢，因为多方共赢，才能使整个机制长期健康运行下去。

一家店找到了模式，其他店可以马上套用，一次设计，多年享用。

餐饮连锁企业一旦应用合约式管理，就会如虎添翼，顺利解决管理问题，并快速低成本扩张，在最大程度上发挥出连锁品牌的优势，让消费者吃到放心、可口、价格合理的美食，让大量繁忙的家庭摆脱做饭的苦恼。

附录

合约式管理30问

1. 什么是合约式管理？

研究发现：所有管理问题的背后，都隐藏着一个坏合约，把合约设计好，可以解决99%的管理问题。通过重新设计企业的各种合约，从而达到让企业中的任何事都有人比老板更上心、任何人都不用过多管理的目的，这便是"合约式管理"。

2. 凭什么合约式管理比其他的管理方法更好？

传统管理治标不治本，合约式管理却不一样。合约式管理针对每一个具体的员工、每一件具体的事情都制定了具体的方法。这些方法不仅可以通过算账得出清晰的结论，还能直观地比较其与传统管理的优劣。

3. 合约式管理能给企业带来什么收益？

降低90%的管理成本，减少老板90%的管理时间，使得产品质量大幅度提升。

4. 合约式管理和阿米巴模式有什么区别？

阿米巴模式触及不到个人，合约式管理直接触达个人，其对于激发人的积极性具有非常大的影响。

5. 谁的利益会受损？

当一种改革的推行会损害一部分人利益的时候，利益受损的人必然会奋起抵抗，所以，在企业内推行合约式管理，要特别注意，尽量减少利益受损的人，甚至做到没有人的利益受损才是最好的。只有企业老板能多考虑如何在增量部分让大家来分配，特别注意不要陷入零和博弈的陷阱中，受损的人少了，甚至没有了，才能让合约式管理特别容易实施。

6. 对管理人员、财务人员、技术人员、创意型人员怎么进行合约式管理？

对于这几类人员的管理已经具有成熟且经过验证的合约式管理模式。

这些合约式管理模式在具体落地时会根据实际情况进行调整。通过沙盘推演将合约式管理与传统的管理方式作对比，合约式管理完全胜出。

7. 怎么控制质量问题？

在合约式管理中，制订好了环环相扣的好合约，产品质量不只是提高一点点，而是可以实现质的飞跃。

8. 有些人的工作内容很杂，怎么进行合约式管理？

对于这个问题，合约式管理提供了灵活的解决方法，比如，颠三倒四法、极限挑战法、打包合并法等。根据工作人员的不同工作类型，可以适用不同的方法。

9. 我们已经采用计件方式了，是不是没必要再进行合约式管理了？

如果只是单一的计件方式就太片面了，计件的成本是否充分考虑？计件方式是否落实到每位员工身上？公司内的各项事务是否都已360度无死角地覆盖？是否有员工比老板更操心事务？在我看来，单一的计件方式经不起沙盘推演的深入检验。

10. 我们已经有了完善的KPI、OKR等考核制度，还需要合约式管理吗？

你所说的考核制度，在国内被许多大企业采用，比如比亚迪等等。但我见过太多的KPI和OKR考核案例，这些案例既是对人的侮辱，也是对人的潜能的扼杀。

11. 公司已经搞了很多次改革，请过很多次咨询，基本没什么用，搞合约式管理一定能行吗？

确实，纸上谈兵的东西太多。我估计以前请的咨询师没有几个自己干过十年二十年企业的，也并不是说做过企业的就一定行，关键是在底层逻辑上要行得通。当然老板的辨识能力也很重要，这就要靠你自己了。

12. 企业的行业性质特殊，与一般的管理方法相比，采用合约式管理有什么好处？

采用合约式管理最大的好处就是能够针对企业的具体情况量身打造合约帮助企业解决各种问题。

13. 我们的人工费用占比很少，管不管差别不大。这种情况下，是不是就不需要进行合约式管理了？

人工费用占比多的企业，合约式管理能发挥更大的威力，但人工成本只是其中的一部分。一个年薪10万元的员工，天天旷工，一年给企业造成的损失也就10万元，但一个天天上班的员工，却可能给公司造成100万元的损失。你说这种情况是不是需要进行管理呢？

14. 对于个人来说，合约式管理有什么用？

人都是有惰性的。很多人明知道抽烟喝酒不好，还不是一样继续？合约式管理就是要发挥出组织的力量，帮助员工克服自己的弱点。在传统管理下，把公司的事当成自己的事来干的员工，只能给他打60分，而通过合约式管理制定一套完善的方法，我们可以让员工达到100分，甚至120分。

15. 把合约式管理落实到每位员工身上，是不是太复杂了？

把合约式管理落实到每位员工身上确实不容易，而且要考虑把计量成本降到几乎可以忽略不计的水平，就更不容易了。阿米巴模式便是止步于此，因为阿米巴模式找不到既能把合约具体到个人身上又能将计量成本降至很低的方法。而合约式管理，简单、高效、直接可行，这也是合约式管理最有价值的地方。

16. 有些岗位根本计不了件，还适用合约式管理吗？

计件方法有很多种，不同岗位的计件方法千差万别，我们有大量的经验，有正反两方面的多次验证，现在已经非常成熟了，可以做到两个100%：100%的岗位都可以计件；计件后的效果100%都比原来强。

17. 员工不愿和老板一样冒风险怎么办？

员工不想冒风险，我们便应该因势利导，根据不同人的性格，设计不同的风险模式。冒风险的收益或损失金额从一个月几十元到一个月几千元不等。但最主要的是让大家先尝到甜头，就像徙木立信一样，大家看到冒风险对自己有好处，以后大家都会抢着去冒风险、去承担责任。

18. 企业采用合约式管理，一年能节省多少钱？

你可以先大概算一下目前的管理成本是多少。通过合约式管理，我们预计在管理成本方面可以节省90%。但这不是最主要的，关键在于采用合约式管理能带来质的飞跃。至于这方面到底能节省多少成本，或者说能额外增加多少收益，就要再进一步评估了。

19. 如果员工学会合约式管理后选择跳槽怎么办？

实际上，经过合约式管理的员工，往往很难再回到传统的管理模式。就好像美国人很少会选择移民到朝鲜一样，因为两个国家之间的文化差异巨大。同理，目前市场上采用合约式管理的企业几乎没有，他们又能跳槽到哪里去呢？

20. 合约式管理违不违反劳动法？

落地实施合约式管理有一个八字原则：合法、合理、合情、权威。我们把合法放在第一位，确保所有的合约都是在法律框架下的合约。

21. 企业能开出的工资条件有限的情况下，还能采用合约式管理吗？

可以的。企业能开出的工资条件都有限，做企业又不是做慈善，不能带来效益的工资支出，再低都是高的。所有的支出都要看投入产出比，因此，企业采用合约式管理后，全部按成果付费，确保每一分支出都能带来相应的回报。成果多，收益自然就高，这对老板来说是最优的选择。

22. 如何不让员工凌驾于企业之上？

企业最怕被关键技术岗位的员工"威胁"。只要企业有一个离不开的员工，他就能吃掉企业所有的利润。所以，在采用合约式管理后，我们提出两句口号：企业鼓励每个员工都努力做到不可替代；企业要让每个员工都可以被替代。这不仅增强了员工的危机意识，还促进了员工和企业之间基于共同目标的良性博弈。

23. 企业里需要谁来负责推行合约式管理？

这是典型的"一把手工程"。改变公司和员工的传统合作关系，肯定要"一把手"同意。在得到"一把手"认可后，具体的合约设计工作可以让行政总监或财务总监来做，最后再让"一把手"拍板。

24. 合约式管理的具体操作流程是怎样的？

（1）"一把手"同意。

（2）"一把手"指派具体的高管对接，如行政总监或财务总监。

（3）由我方团队入驻贵公司，通过深入调研了解贵公司的现状与需求。

（4）遵循"先次要后主要，先外围后核心"的顺序，逐步为各部门制定新的合约。

（5）在合约初期，采取新旧制度并行的策略，以确保平稳过渡和及时调整。

（6）将新合约推广到公司所有部门和岗位。

（7）进行地毯式检查，确保新合约全面覆盖，无遗漏、无死角。

（8）根据合约实施后的反馈对合约做微调整。

（9）如果有新业务，要制定符合上述合约原则的新合约。

25. 合约式管理怎样验收成果？

（1）检查是否全部合约都落实到员工个人身上。

（2）检查是否每个合约都经过沙盘推演。

（3）评估合约是否做到责任、权力和利益三个100%。

（4）地毯式检查企业内所有人、财、物是否都有具体的责任人。

（5）考察外部条件或内部条件变化的情况下，合约是否能够灵活调整。

26. 合约式管理的边界是什么？

合约式管理的核心在于解决企业的降本增效问题，解决的是企业的内部问题。如果企业的定位搞错了、方向搞错了，则可能无法达到预期效果。当企业内部效率得到显著提升，就能为企业带来新的商业机会。

27. 学习世界公认的德鲁克的管理理论指导还不够吗？还需要合约式管理吗？

我在管理过程中遇到困难时，学习的就是德鲁克，天天学，月月学，年年学。道理好像都对，用起来却有隔靴搔痒的感觉。如果你学德鲁克、用德鲁克，这个感觉，你一定不陌生。天图投资的冯总说德鲁克是西方版的修齐治平，我深以为然。

28. 有没有什么书和合约式管理理念相似？

实际上，与合约式管理理念类似的书还真没有，这套理论是我基于个人经验和经济学原理独创的。如果大家有兴趣,可以阅读亚当·斯密的《国富论》,也可以了解奥地利学派经济学家米塞斯和哈耶克,以及我国经济学家张五常的学说,这些思想对我建立合约式管理都深有启发。

29. 合约式管理适用于"90后""00后"员工吗?

实际上,合约式管理最受"90后""00后"员工的欢迎。在传统管理者眼里,"90后""00后"员工是刺头,是来整顿职场的。但在合约式管理者眼里,"90后""00后"员工是最宝贵的财富,他们具有无限潜力。

30. 能干我们这种工作的人很少,我们公司的有多年经验的老员工,是否能动?

企业最怕被关键技术岗位的员工勒索,只要有一个企业离不开的员工,他就能吃掉企业所有的利润。所以,在进行合约式管理后,我们提出两句口号,一是公司鼓励每个员工都努力做到不可替代。二是公司要让员工都可以被替代,员工和公司之间要公开展开这种良性博弈。我们还有一套标准的流程,怎么让员工可以被替代。